高等职业教育新能源汽车类专业教材

新能源汽车驱动电机及控制技术

湖南省职业教育与成人教育学会 ◎ 组织编写
高职交通运输类专业委员会

刘建林　王晓钰 ◎ 主　　编
曹　凡　张　政　陶泽安 ◎ 副主编

人民交通出版社股份有限公司

北京

内 容 提 要

本书是高等职业教育新能源汽车类专业教材之一。主要内容包括新能源汽车驱动单元认知、新能源汽车驱动电机拆装与检修、新能源汽车驱动系统拆装与检修、新能源汽车电机驱动新技术认知。

本书可作为高职院校新能源汽车技术专业教材，也可供新能源汽车维修人员及相关技术人员参考使用。

图书在版编目(CIP)数据

新能源汽车驱动电机及控制技术/刘建林,王晓钰主编. —北京:人民交通出版社股份有限公司，2024.1

ISBN 978-7-114-19071-1

Ⅰ.①新… Ⅱ.①刘…②王… Ⅲ.①新能源—汽车—驱动机构—控制系统—高等职业教育—教材 Ⅳ.①U469.720.3

中国国家版本馆 CIP 数据核字(2023)第212091号

书　　　名：	新能源汽车驱动电机及控制技术
著 作 者：	刘建林　王晓钰
责任编辑：	郭　跃
责任校对：	赵媛媛　魏佳宁
责任印制：	刘高彤
出版发行：	人民交通出版社股份有限公司
地　　　址：	(100011)北京市朝阳区安定门外外馆斜街3号
网　　　址：	http://www.ccpcl.com.cn
销售电话：	(010)59757973
总 经 销：	人民交通出版社股份有限公司发行部
经　　　销：	各地新华书店
印　　　刷：	北京市密东印刷有限公司
开　　　本：	787×1092　1/16
印　　　张：	8.25
字　　　数：	182千
版　　　次：	2024年1月　第1版
印　　　次：	2024年1月　第1次印刷
书　　　号：	ISBN 978-7-114-19071-1
定　　　价：	28.00元

(有印刷、装订质量问题的图书,由本公司负责调换)

前言

随着新一轮科技革命和产业变革深入推进,汽车与能源、交通、信息通信等领域加速融合,汽车的电动化、网联化、智能化、共享化成为汽车产业发展的主流和趋势。为了对接汽车产业发展新趋势,满足新能源汽车领域高质量发展对高素质技术技能人才的需求,推动职业教育专业升级和数字化改造,提高人才培养质量,湖南省职业教育与成人教育学会高职交通运输类专业委员会组织湖南交通职业技术学院、湖南国防工业职业技术学院、湖南机电职业技术学院、湖南生物机电职业技术学院、湖南石油化工职业技术学院、益阳职业技术学院共同编写了高等职业教育新能源汽车类专业教材。

本套教材编写深入贯彻落实党的二十大对教材建设与管理作出的新部署、新要求,遵循知识和技能并重的改革方向,根据高等职业教育的特点以及高职高专院校学生的学习情况进行编写,具有以下特点:

(1)教材编写依据最新的课程标准及特定的工作任务,构建难度适当的理论知识体系,以学生的实操内容及职业素养培养为核心,围绕典型工作任务设计教材项目、任务,突出知识的实用性、综合性和先进性。教材设置"三维目标""任务描述"等内容,每本教材均配有"任务工单",充分体现理论实践一体化的教学模式。

(2)教材编写过程中充分吸纳行业、企业专家,深入了解目前行业、企业对本专业人才的实际需求,由相关企业提供部分配套的教学资源和技术支持,行业企业人员真正深度参与教材编写与开发。

(3)部分教材配备了丰富的教学资源(纸数融合),教材的知识点以二维码链接动画、视频资源,所有教材配有课件、习题及答案等,满足学生个性化学习的需求,提升教材使用体验感。

(4)在教材中融入了丰富的课程思政元素及党的二十大精神内容,选取国产汽车品牌进行详解,培养学生的国产品牌意识,增强民族自信,体现"培根铸魂、启智润心"教育目标,实现思想政治教育与技术技能培养的有机结合。

本书是高等职业教育新能源汽车类专业教材之一,围绕新能源汽车电器驱动系统编写。主要选取比亚迪 e6、吉利帝豪 ev300、特拉斯 Model3 等车型,并结合其他品牌的新能源汽车,讲解新能源汽车电机驱动系统各组成部分结构及拆装、检修方法。部分车型作为实训任务车型,使课程更贴近实际操作,学生易于理解和记忆。本书分为新能源汽车驱动单元认知、新能源汽车驱动电机拆装与检修、新能源汽车驱动系统拆装与检修、新能源汽车电机驱动新技术认知四个项目。本书配有操作视频,以二维码的形式附在书中,方便授课教师及学生参考。

本书由湖南国防工业职业技术学院刘建林、王晓钰担任主编,由益阳职业技术学院曹凡、湖南交通职业技术学院张政、湖南机电职业技术学院陶泽安担任副主编,参编人员有湖南机电职业技术学院刘亚能,湖南国防工业职业技术学院谢凯,湖南交通职业技术学院朱方强,益阳职业技术学院肖晋、张公平、潘健和。书中共有四个项目,项目一由陶泽安、刘亚能、谢凯共同编写;项目二由张政、谢凯、朱方强共同编写;项目三、项目四由曹凡、肖晋、张公平、潘健和共同编写。刘建林、王晓钰对全书进行了统稿。

限于编者水平,书中难免有疏漏和错误之处,恳请广大读者提出宝贵建议,以便进一步修改和完善。

编 者

2023 年 9 月

目录

项目一　新能源汽车驱动单元认知 ……………………………………………… 1

任务 1　混合动力电动汽车驱动单元认知 ………………………………………… 1
课后习题 ……………………………………………………………………………… 10
任务 2　纯电动汽车驱动单元认知 ………………………………………………… 11
课后习题 ……………………………………………………………………………… 19
任务 3　新能源汽车驱动电机及驱动电机控制器认知 …………………………… 19
课后习题 ……………………………………………………………………………… 29

项目二　新能源汽车驱动电机拆装与检修 …………………………………… 30

任务 1　新能源汽车永磁同步电机原理与检修 …………………………………… 30
课后习题 ……………………………………………………………………………… 47
任务 2　新能源汽车三相异步电机的拆装 ………………………………………… 48
课后习题 ……………………………………………………………………………… 59
任务 3　新能源汽车其他类型驱动电机拆装与检修 ……………………………… 61
课后习题 ……………………………………………………………………………… 82

项目三　新能源汽车驱动系统拆装与检修 …………………………………… 83

任务 1　新能源汽车驱动电机传感器认知与检修 ………………………………… 83
课后习题 ……………………………………………………………………………… 99
任务 2　新能源汽车驱动电机控制器认知与检修 ………………………………… 100
课后习题 ……………………………………………………………………………… 110

项目四 新能源汽车电机驱动新技术认知 ……………………………………………… 112

任务 1　轮毂电机及独立驱动系统认知 ……………………………………………… 112
课后习题 ……………………………………………………………………………… 119
任务 2　新能源汽车电机驱动发展趋势 ……………………………………………… 119
课后习题 ……………………………………………………………………………… 125

参考文献 …………………………………………………………………………………… 126

项目一
新能源汽车驱动单元认知

知识目标

(1) 能够描述混合动力电动汽车驱动单元的驱动类型及特点。
(2) 能够描述纯电动汽车驱动单元的功能和基本结构。
(3) 能够描述新能源汽车电机及驱动器的类型和特点。

技能目标

(1) 具备检索资料能力,总结混合动力电动汽车驱动单元的结构和特点。
(2) 具备检索资料能力,总结纯电动汽车驱动单元的结构和特点。
(3) 具备检索资料能力,总结新能源汽车驱动电机及电机驱动器的类型和特点。

素养目标

(1) 能够制订工作计划,独立完成工作学习任务。
(2) 能够在工作过程中,与小组其他成员合作、交流并进行学习任务分工,具备团队合作和安全操作的意识。
(3) 养成服从管理、规范作业的良好工作习惯。

任务1 混合动力电动汽车驱动单元认知

任务描述

作为从事新能源汽车行业的专业人员,你知道混合动力电动汽车有几种驱动形式吗?

一、知识准备

(一)混合动力电动汽车类型

混合动力电动汽车是能够至少从下述两类车载储存的能量中获得动力的汽车:①可消耗的燃料;②可再充电能/能量储存装置。当前大多数的混合动力电动汽车采用的是油电混合,主要由燃料和电力两种动力进行驱动。根据动力系统结构形式,可以将混合动力电动汽车分为串联式混合动力电动汽车、并联式混合动力电动汽车以及混联式混合动力电动汽车3种类型。

(二)混合动力电动汽车不同驱动单元的特点

1. 串联式混合动力电动汽车驱动单元

串联式混合动力电动汽车是指车辆的驱动力只来源于电机的混合动力电动汽车。其驱动单元的特点是发动机带动发电机发电,电能通过驱动电机控制器输送给驱动电机,由驱动电机驱动汽车行驶。另外,动力蓄电池也可以单独向驱动电机提供电能驱动汽车行驶。图1-1所示为第二代日产e-POWER混合动力电动汽车,即采用这种形式的驱动单元。

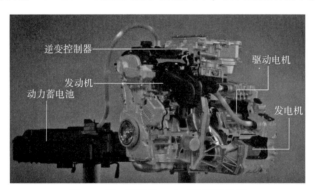

图1-1 第二代日产e-POWER驱动单元

1)驱动单元结构形式

第二代日产e-POWER驱动单元内部设置有驱动电机、逆变控制器、发电机、发动机和动力电池,其连接关系如图1-2所示。

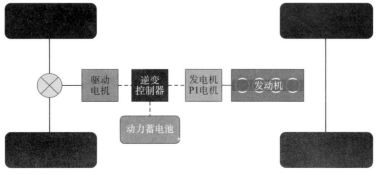

图1-2 驱动单元结构示意图

2)驱动系统工作原理

发动机带动发电机(通常为 P1 电机)发电,其电能通过控制器(或称逆变器)直接输送到驱动电机,由驱动电机产生驱动力矩,驱动汽车行驶。因此,串联式最大的特点是发动机在任何情况下都不参与驱动汽车的工作,而只用来带动发电机发电,而且驱动电机的功率一般要大于发动机的功率。

3)驱动单元运行模式

第二代日产 e-POWER 混合动力系统驱动单元运行时有两种运行模式,即纯电动驱动模式和发动机运行电动驱动模式。

(1)纯电动驱动模式。

纯电动驱动模式(图 1-3)下,发动机和发电机电机均处于关闭的状态,仅由驱动电机驱动汽车行驶。

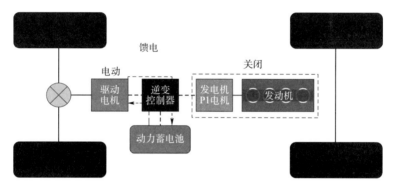

图 1-3 纯电动驱动模式

在纯电动驱动模式下,驱动单元内部部件的动力传递方式为:由动力蓄电池提供单一电能给逆变器,由逆变器控制驱动电机运行,从而控制车辆行驶。这种模式下,能量的流动是双向的,即当车辆处于减速或滑行状态时,逆变器控制驱动电机工作在发电机状态,并将发出的电能储存在动力蓄电池中,从而延长续驶里程。此模式下车辆相当于一辆纯电动汽车,不消耗燃油,仅由动力蓄电池供电,一般在动力蓄电池电量比较充足时选择该工作模式。

(2)发动机运行驱动模式。

在发动机运行驱动模式(图 1-4)下,发动机起动并带动发电机发电,车辆行驶仍然是由驱动电机进行驱动。这种模式分两种情况:①驱动电机的电能只来源于发动机带动发电机发电所产生的电能;②驱动电机的电能来源于发动机带动发电机发电产生的电能和动力蓄电池供电产生的电能。

对于第一种情况,当发动机带动发电机发电的输出功率大于驱动电机所需的功率时,如汽车工作在轻载行驶、低速行驶或短时停车等工况或动力蓄电池处于亏电状态,此时发电机发出的电能除了满足驱动电机的需求外,均用于为动力蓄电池充电。能量流动如图 1-4 所示。

对于第二种情况,当发动机带动发电机发电的输出功率小于驱动电机所需的功率时,如汽车工作在满载行驶、高速行驶、急加速行驶等工况,且动力蓄电池处于电量较为充足状态时,发电机发出的电能无法满足驱动电机的电能需求,其他电能需求由动力蓄电池提供,该情况下能量流动如图1-5所示。

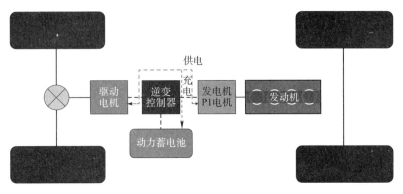

图1-4　发电机供电驱动模式

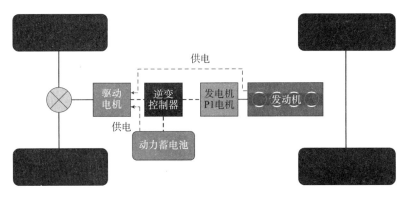

图1-5　发电机/动力蓄电池共同供电驱动模式

可以看出,动力蓄电池在整套系统中起到的是平衡发电机输出功率和驱动电机输入功率的作用。这种系统的优点为:发动机不直接参与汽车驱动,因此其运行不受汽车行驶工况的影响,始终可以在其最佳的工作区稳定运行,可降低油耗;在拥堵路段,汽车在起动和低速运行时,只利用动力蓄电池单一电能进行功率输出,此时,汽车相当于一辆纯电动汽车,因此十分环保。

同时,这种模式也存在部分缺点:为了满足驱动电机的动力需求,必须配备一台功率较大的发动机和发电机,这增加了车身质量和成本;而为了增加纯电续驶里程,还需要配备一块容量较大的动力蓄电池,进一步增加了车身布置难度;且发动机和动力蓄电池的功率配比选择也是一项技术难题;此外,串联式混合动力电动汽车的工作模式相对单一。

2. 并联式混合动力电动汽车驱动单元

并联式混合动力电动汽车是指车辆的驱动力由电机及发动机同时或单独供给的混合动力汽车。其结构特点是并联式驱动单元可以单独使用发动机或电机作为动力源,也可以同时使用电机和发动机作为动力源驱动汽车行驶。如本田 Insight(图1-6)采用了这种形式的驱动单元。

以本田 Insight 并联式混合动力驱动单元为例,其运行模式如图1-7所示。

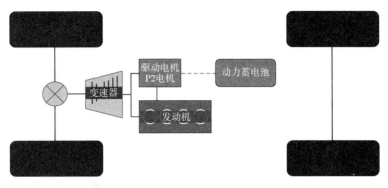

图1-6 并联式驱动单元结构示意图

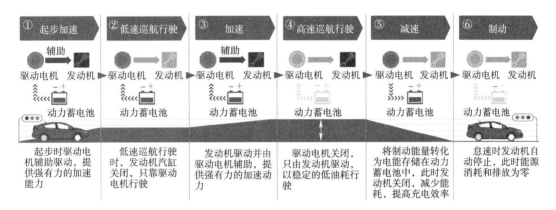

图1-7 本田Insight并联式混合动力电动汽车驱动单元的运行模式

从图1-7中工作模式可以看出,这种并联式混合动力驱动单元的优点如下:驱动电机、发动机可共同驱动汽车,二者在理论上可以实现"1+1=2"的效果,例如在理想状态下,一台75kW的驱动电机搭配一台115kW的发动机后,可产生190kW的动力总成;在纯电动模式时,该单元具有纯电动汽车安静、使用成本低的优点,而在混合动力模式下,该驱动单元有非常好的起步转矩,加速性能出色;此外,并联式混合动力电动汽车只是在变速器前或后增加了一台驱动电机,和传统燃油汽车相比,其改动较小,成本较低。

同时,这种驱动单元也有部分缺点:油耗相对难控制,并联式混合动力电动汽车的驱动单元在混合动力模式下,发动机不能保证一直在最佳转速下工作,平均油耗比较高,只有在拥堵时,因可以自带发动机起停功能,油耗才较低;能量回收能力较弱,通常只有一台驱动电机,这台驱动电机不能同时发电和驱动车轮,所以发动机与驱动电机共同驱动车辆行驶的工况不能持久,持续加速时,动力蓄电池的能量会很快耗尽,从而转为发动机直驱的模式,油耗较高。

3. 混联式混合动力电动汽车驱动单元

混联式混合动力电动汽车是指具备串联式和并联式两种结构的混合动力电动汽车。其特点是既可以在串联混合模式下工作,也可以在并联混合模式下工作。混联式混合动力电动汽车多了动力分离装置,一部分动力用于驱动车轮,另一部分用于发电。如丰田普锐斯(图1-8)采用了这种形式的驱动单元。

图 1-8　丰田普锐斯混合动力电动汽车

驱动单元取代了变速器安装在发动机上,内部的部件主要有电机 MG1 和 MG2,太阳轮,两个行星轮和功率分流装置。如图 1-9 所示。

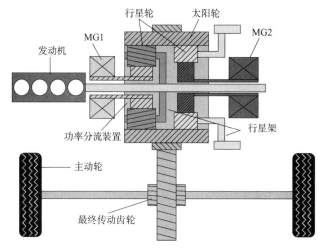

图 1-9　驱动单元内部结构示意图

行星齿轮机构将发动机的动力分往两个方向:一部分驱动车轮;另一部分驱动 MG1,使其能作为发电机工作。行星齿轮机构连接关系如图 1-10 所示。

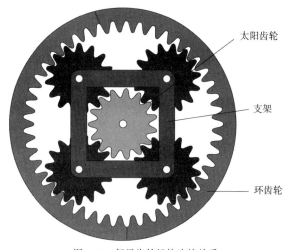

图 1-10　行星齿轮机构连接关系

采用混联形式的普锐斯混合动力汽车有以下3种运行模式。

1）车辆停止时发动机被起动

车辆停止时，MG2处于静止状态，此时发动机停机不工作。当电源控制ECU模块监测到电池荷电状态（SOC）充电状态过低或电载荷过大不符合条件而需要起动发动机时，电源控制ECU模块向主ECU发出信号来控制MG1运转，从而起动发动机。MG2处于静止状态，MG1驱动太阳轮正向旋转，所以行星架连接发动机做正向减速输出运动，即发动机被起动。在发动机被起动期间，为防止MG2运转，此时MG2将接收电流以施加制动。发动机起动完成后，MG1的驱动电流会立即被切断，此时MG2仍静止，发动机带动行星架输入太阳轮正向增速输出，即MG1被驱动并作为发电机对混合动力电动汽车动力蓄电池进行充电，如图1-11所示。

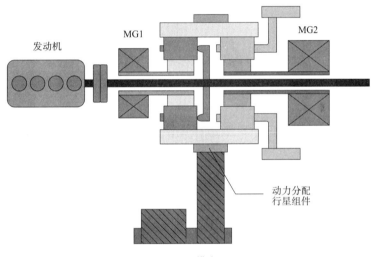

图1-11　模式1

2）车辆低负荷工况

车辆发动机在低负荷工况时处在高油耗、高排放污染区域，而普锐斯混合动力汽车的EV模式能够仅利用由混合动力电动汽车动力蓄电池向MG2提供的电能来驱动车辆行驶。此时发动机停机，加速踏板开度不大，MG1反向旋转但不发电。主ECU控制混合动力电动汽车动力蓄电池向MG1供电，使其以较低转速正向旋转，从而起动发动机。首先，MG1的驱动电流会使其停止转动，如图1-12所示，此时发动机已正向旋转，车速决定了MG1正向旋转的转速；当电源控制ECU模块接收到发动机已经运转的信号时，其会立即切断MG1的驱动电流，已经起动的发动机带动MG1正向旋转，从而将其转换成发电机对混合动力电动汽车动力蓄电池进行充电，如图1-12所示。

3）车辆正常行驶工况

汽车在正常行驶状态时，发动机和MG2一同驱动。此时，发动机能够在最佳工况下运转，一部分动力直接输出到驱动车轮，剩余的动力带动MG1，使其作为发电机发电，通过变频器总成一系列的调整和转换电能驱动MG2，从而输出动力。当混合动力电动汽车动力蓄电池的电量少时，发动机输出功率会被提高，带动MG1加大发电量，向混合动力电动汽车动力蓄电池充电。当车辆由正常行驶状态进入巡航状态时，MG1 的转速可以有所下降，以保证发动机在较低的经济转速下工作，从而提高汽车的经济性，如图 1-13 所示。

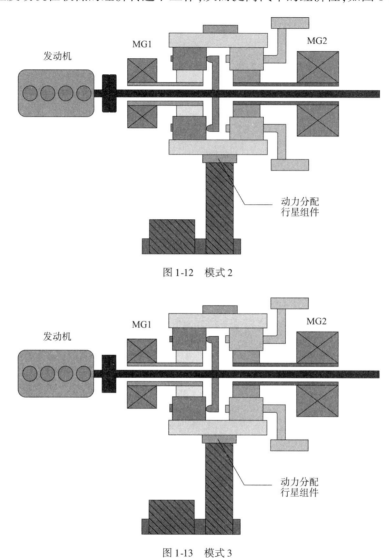

图 1-12　模式 2

图 1-13　模式 3

二、任务实施

（一）实施要求

本操作任务主要完成混合动力电动汽车驱动单元类型识别和特点分析。
（1）混合动力电动汽车驱动单元类型和特点认知。
（2）普锐斯混联式混合动力电动汽车驱动单元运行模式认知。

(二)实施准备

普锐斯混合动力电动汽车,混合动力电动汽车驱动单元挂图、模型及视频资料。

(三)实施步骤

1. 混合动力电动汽车驱动单元类型和特点认知

参观实训室的混合动力电动汽车驱动单元挂图、模型;检索资料或者通过网络搜索、走访周边汽车销售店等,了解混合动力电动汽车驱动单元的类型和特点。

2. 普锐斯混联式混合动力电动汽车驱动单元运行模式认知

对照实车或台架,分析混联式混合动力电动汽车驱动单元的运行模式。

1)起动车辆

按相关规范要求起动车辆。

2)纯电动模式

由动力蓄电池给驱动电机供电,再由驱动电机驱动车辆行驶,如图1-14所示。

3)传统燃油模式

由发动机直接驱动汽车行驶,如图1-15所示。

图1-14　纯电动模式　　　　　　　　图1-15　传统燃油模式

4)能量回收模式

在制动或惯性滑行中释放出多余能量,并通过发电机将其转化为电能,如图1-16所示。

5)怠速充电模式

由发动机带动发电机给动力蓄电池充电,如图1-17所示。

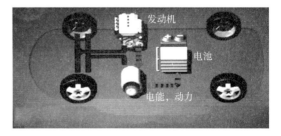

图1-16　能量回收模式　　　　　　　　图1-17　怠速充电模式

6)驱动与发电模式

由发动机驱动汽车行驶,驱动轮牵引驱动电机给动力蓄电池供电,如图1-18所示。

7）全速驱动模式

当汽车需要更大加速度时，驱动电机和发动机一起传输动力驱动汽车行驶，如图1-19所示。

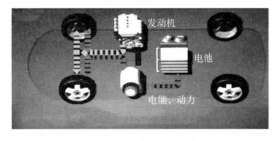
图1-18　驱动与发电模式

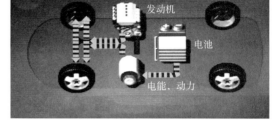
图1-19　全速驱动模式

三、任务工单

填写混合动力电动汽车驱动单元类型和特点认知、普锐斯混联式混合动力电动汽车驱动单元运行模式认知实训工作记录单。

任务实训工作记录单

任务名称					
组长姓名		班级		同组同学	
教师姓名		地点		日期	
实训目标					
设备工具					
组员分工					
实训过程内容与流程记录					
实训步骤					
实训任务回顾与总结					
任务收获与结果					
建议和改进措施					

课后习题

一、判断题

1. 混合动力电动汽车是由两种或两种以上的动力来进行驱动的，当前大多数混合动力电动汽车主要由发动机和电力两种动力进行驱动。（　　）

2. 混合动力电动汽车的驱动类型可分为串联式、并联式两种。（　　）

3. 串联式混合动力电动汽车是指汽车的驱动力只来源于电机的混合动力电动汽车，其特点是发动机带动发电机发电，电能通过驱动电机控制器输送给电机，由电机驱动汽车行驶。（　　）

4. 并联式混合动力电动汽车是指车辆的驱动力由电机和发动机同时供给的混合动力电动汽车。（　　）

5. 混联式混合动力电动汽车是指具备串联式和并联式两种结构的混合动力电动汽车，其特点是可以在串联混合模式下工作，也可以在并联混合模式下工作。（　　）

二、选择题

1. 根据发动机与电力之间连接的方式，可以将混合动力电动汽车分为（　　）种类型。
   A. 2　　　　B. 3　　　　C. 4　　　　D. 5

2. 雪佛兰 VOLT 采用的是（　　）混合动力电动汽车。
   A. 串联式　　B. 混联式　　C. 并联式　　D. 以上都不是

3. 属于混联式的混合动力电动汽车的是（　　）。
   A. 丰田普锐斯　　　　　　　B. 捷豹 I-PACE
   C. 特斯拉 MODELS　　　　 D. 宝马 i3

任务2　纯电动汽车驱动单元认知

任务描述

作为新能源汽车技术专业领域的从业人员，你知道纯电动汽车驱动单元的基本结构吗？常见的驱动类型有哪几种？

一、知识准备

（一）纯电动汽车驱动单元功能

纯电动汽车驱动单元的功能是将储存在动力蓄电池中的电能高效地转化为车轮的动能，进而使汽车行驶，并能够在汽车减速制动或下坡时实现再生制动。

驱动电机的功能是将电能转化为机械能，通过传动装置驱动或直接驱动车轮。早期的纯电动汽车广泛采用串励直流电机，这种电机具有"软"的机械特性，与汽车的行驶特性适应。但直流电机由于存在有换向火花、比功率较小、效率较低、维护工作量大等缺点，随着电机技术和电机控制技术的发展，正在逐渐被无刷直流电机、永磁同步电机和交流异步电机取代。

图1-20 纯电动汽车驱动单元基本结构

(二)纯电动汽车驱动单元基本结构

与混合动力电动汽车相比,纯电动汽车驱动单元结构更简单,图1-20所示为纯电动汽车驱动单元基本结构。

纯电动汽车驱动单元内部主要包括一个大功率驱动电机和用于将电机进行减速的行星齿轮减速机构,或者其他形式的减速齿轮机构,根据驱动单元设计的不同,有的车辆驱动单元还包括差速机构,如图1-20所示。

在采用电动轮驱动时,纯电动汽车也可以省去传统燃油汽车的差速器,如图1-21所示。

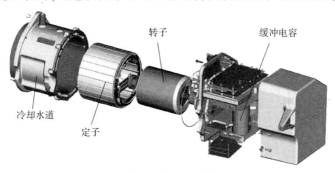

图1-21 电动轮驱动

(三)纯电动汽车的驱动类型

根据驱动轮所施加驱动转矩的来源不同,电动车辆采用的驱动方式总体上可分为两种:集中驱动和车轮独立驱动。

1. 集中驱动

集中驱动利用一个动力源,通过变速器和减速器(或只通过减速器)降速增矩,最后经差速器将驱动转矩大致平均地分配给左右驱动半轴,可以采用前轮驱动、后轮驱动或四轮驱动的形式,集中驱动布置形式如图1-22所示。

(1)单电机+变速器构型。

单电机+变速器构型与传统汽车的布置形式基本相同,通常是在传统汽车的基础上改装而成的,把驱动电机放在原燃油发动机的位置,其可以提高纯电动汽车的起动转矩,增加低速时纯电动汽车的后备功率。这种驱动系统布置形式有驱动电机前置—驱动桥前置、驱动电机前置—驱动桥后置等模式。但是该布置形式结构复杂、效率低,不能充分发挥驱动电机的性能。现在纯电动汽车很少采用这种布置形式。

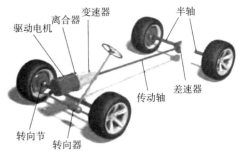

图1-22 集中驱动布置形式

在此基础上,还有一种简化的传统驱动系统布置形式,其采用固定速比减速器,且不含离合器,可减小机械传动装置的质量,缩小其体积。

(2)单电机直驱构型。

单电机直驱构型(图1-23)在驱动电机端盖的输出轴处加装减速齿轮和差速器等,驱动电机、固定速比减速器、差速器的轴互相平行,一起组合成一个驱动整体。它通过固定速比的减速器来放大驱动电机的输出转矩,但没有可选的变速挡位,也就省掉了离合器。这种布置形式的机械传动机构布置紧凑、传动效率较高、具有良好的通用性和互换性,便于在现有的汽车底盘上安装,使用、维修也较方便,但对驱动电机的调速要求较高。按传统汽车的驱动模式来说,可以有驱动电机前置—驱动桥前置或驱动电机后置—驱动桥后置两种方式。

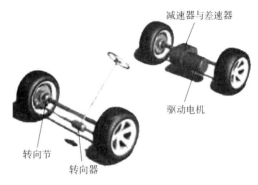

图1-23 单电机直驱形式

(3)双联式驱动构型。

双联式驱动系统也称为双电动机驱动系统,由左右两台永磁同步电机直接通过固定速比减速器分别驱动车轮,左右两台永磁同步电机由中间的电控差速器控制,可以独立调节控制每个驱动电机的转速,便于实现电子差速,而不必选用机械差速器。

2. 独立驱动

独立驱动利用多个动力源分别驱动单个车轮,分为轮边电机驱动和轮毂电机驱动。

(1)轮边电机驱动构型。

轮边电机驱动是一种双电机驱动形式,由左右两台驱动电机通过固定速比减速器分别驱动两个车轮,驱动电机直接连接轮毂,两个车轮间没有进行直接连接。每个驱动电机的转速可以独立地调节控制,通过电子差速器来解决左右半轴的差速问题,使得电动汽车更加灵活,在复杂的路况上可以获得更好的整车动力性能。由于采用电子差速器,传动系统的体积进一步减小,节省空间,减轻质量,提高传动效率,如图1-24所示。

(2)轮毂电动机驱动构型。

轮毂电机把电机设计成饼状,直接安装在车轮的轮毂中。轮毂电机一端与轮毂固定,另一端安装在悬架上。此种布置形式进一步缩短了驱动电机和车轮间的机械传动距离,节省空间,如图1-25所示。

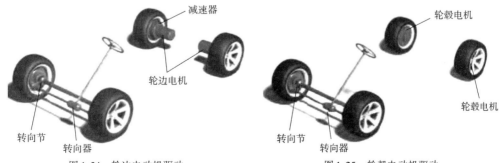

图1-24 轮边电动机驱动　　　　图1-25 轮毂电动机驱动

集中驱动和车轮独立驱动对比见表1-1。

集中驱动和车轮独立驱动对比　　　　　　表1-1

驱动类型	集中驱动	独立驱动
成本	较低	较高
体积	较大	较小
质量	较大	较小
效率	较低	较高
差速方式	机械式	电子式

(四) 纯电动汽车的驱动系统认知

纯电动汽车常见的驱动系统有四种：直流电机驱动系统、异步电机驱动系统、永磁同步电机驱动系统和开关磁阻电机驱动系统。

1. 直流电机驱动系统

直流电机驱动系统采用有刷直流电机，电机控制器一般采用斩波器控制方式。它具有成本低、易于平滑调速、控制器简单、控制相对稳定等优点。但由于需要电刷和换向器，结构复杂，运行时有火花和机械磨损，所以电机运行转速不宜过高。同时，会对无线电信号产生干扰，这对未来高度智能化的纯电动汽车而言，是致命的弱点。

鉴于直流电机驱动系统的驱动控制器部分优势突出，其在当前燃料电池电动汽车领域仍占有一席之地。使用直流电机的低速纯电动汽车如图1-26所示。

图1-26　使用直流电机的低速纯电动汽车

2. 异步电机驱动系统

异步电机结构简单、可靠性高、免维护，与直流电机相比效率高，与永磁无刷电机、开关磁阻电机相比成本低，但控制较为复杂。异步电机系统的综合性价比具有一定优势。

但它有以下缺点：功率因数低，运行时必须从电网吸收无功电流来建立磁场；控制复杂，易受电机参数及负载变化的影响；转子不易散热；调速性能差，调速范围窄。

新能源汽车专用的驱动电机通过从电池中获取有限的能量产生动作，所以要求其在各种环境下均具有较高效率。因而，在性能上，其比一般工业用电机的要求更加严格。适合作为电动汽车专用的驱动电机需要满足几个特性：由高速化而生的小型轻量化（坚固性）、高效性（一次充电后的续驶里程长）、低速大转矩情况下的大范围内的恒定输出特性、寿命长以及可靠性高、噪声低和低成本。但是现实中全部满足以上几个特性的驱动电机还未被开发出来。目前更适于新能源汽车的驱动电机是交流异步电机和PM电机。使用异步电机的特殊功能车辆如图1-27所示。

3. 永磁同步电机驱动系统

永磁同步电机驱动系统的最大特点是效率高、质量轻、体积小，也无须维护。与异步电机相比，永磁同步电机成本较高，可靠性和使用寿命也较差，存在失磁的可能性。另外，其制造工艺也比异步电机复杂。在控制上，由于永磁体的存在，弱磁控制有一定难度。目前大多数纯电动汽车的永磁同步电机都带有冷却系统。

图1-27 使用异步电机的特殊功能车辆

相比于现有串励或并励有刷直流电机驱动系统，永磁无刷电机拥有功率密度大、体积小、效率高、结构简单牢固、易于维护等优点，且采用永磁无刷电机作为驱动元件的电动汽车驱动系统运行和维护成本较低；采用全数字化和模块化结构设计，使得驱动器接口灵活，控制能力更强，操作更加舒适；应用能量回馈制动技术，可以减少制动摩擦片的磨损，同时又增加汽车续驶里程。

因此，基于电动汽车市场发展需要和技术现状，设计开发可靠、低成本、性能优良的全数字化电动汽车永磁无刷电机驱动系统，对于电动汽车产业的发展有着重要的现实意义。使用永磁同步电机驱动系统的纯电动汽车如图1-28所示。

4. 开关磁阻电机系统

该电机转子没有绕组做成凸极，结构简单、可靠性高、快速响应好，效率与异步电机相当。由于转子无绕组，该电机系统特别适合频繁起停、正反转及冲击负载等工况。开关磁阻电机系统驱动电路采用的功率开关元件较少，电路简单，能较方便地实现宽调速和制动能量的反馈。

图1-28 使用永磁同步电机驱动系统的纯电动汽车

开关磁阻电机还具有在较宽转速和转矩范围内高效运行、控制灵活、响应速度快、成本较低等优点。并且其工艺性好，适用于高速，环境适应性强；电机转矩的方向与绕组电流的方向无关；启动电流小，转矩大；可控参数多，调速性能好；具有较强的再生制动能力；定子和转子的材料均采用硅钢片，易于获取和回收利用。

其缺点主要在于其结构带来的噪声和振动较大。

（五）典型纯电动汽车驱动单元

1. 北汽新能源 EV 驱动单元

如图1-29所示，北汽新能源 EV 系列纯电动汽车的驱动电机控制系统由驱动电机和驱动电机控制器组成。

图1-30为北汽新能源驱动电机控制系统的结构和控制示意图。驱动电机主要负责机械动力的输出，其主要安装在传动轴上；驱动电机控制器负责电能的交直流转换。

图 1-29 北汽新能源 EV 系列纯电动汽车驱动电机控制系统

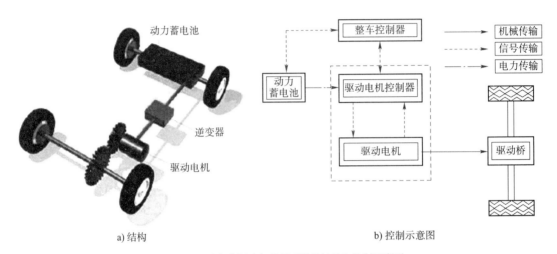

a) 结构　　　　　　　　　　　　　b) 控制示意图

图 1-30 北汽新能源电机控制系统的结构和控制示意图

驱动电机控制器在整车中的安装位置如图 1-31 所示。

图 1-31 驱动电机控制器在整车中的安装位置图

2. 比亚迪 E6 纯电动汽车驱动单元

比亚迪 E6 纯电动汽车动力总成由驱动电机和变速器组成。比亚迪 E6 纯电动汽车驱动系统前壳体如图 1-32 所示。减速齿轮如图 1-33 所示。驱动电机定子线圈如图 1-34 所示。驱动电机转子如图 1-35 所示。

图1-32 驱动系统前壳体

图1-33 减速齿轮

图1-34 驱动电机定子线圈

图1-35 驱动电机转子

二、任务实施

1. 实施要求

本操作任务主要完成纯电动汽车驱动单元类型识别和特点分析。
（1）纯电动汽车驱动单元类型和特点认知。
（2）北汽新能源EV系列纯电动汽车驱动单元结构认知。
（3）比亚迪E6纯电动汽车驱动单元结构认知。

2. 实施准备

（1）防护装备。
（2）车辆、台架、北汽新能源EV系列、比亚迪E6纯电动汽车驱动单元总成及部件、纯电动汽车驱动单元挂图、模型及视频资料。

(3)专用工具、设备。

(4)手工工具。

(5)辅助材料。

3．实施步骤

(1)纯电动汽车驱动单元类型和特点认知。

参观实训室的纯电动汽车动力驱动单元挂图、模型；检索资料、网上搜索或走访周边汽车销售店面，了解纯电动汽车动力驱动单元的类型和特点。

提示：可参照"学习拓展"的内容。

(2)典型纯电动汽车驱动单元的结构特点。

根据实训室的装备，认识纯电动汽车驱动单元的结构特点。

①北汽新能源 EV 系列纯电动汽车驱动单元结构认知。

②比亚迪 E6 纯电动汽车驱动单元结构认知。

③其他纯电动汽车驱动单元结构认知。

三、任务工单

根据布置的任务要求，确定所需要的实训场地、设备及工具，以小组讨论的方式制订详细的工作计划(操作流程或工序)，以小组活动的形式实施计划(对小组成员进行合理分工)，完成任务并记录。

任务实训工作记录单

任务名称					
组长姓名		班级		同组同学	
教师姓名		地点		日期	
实训目标					
设备工具					
组员分工					
实训过程内容与流程记录					
实训步骤					
实训任务回顾与总结					
任务收获与结果					
建议和改进措施					

课后习题

一、判断题

1. 驱动电机的功能是将电能转化为机械能,通过传动装置驱动或直接驱动车轮。( )
2. 纯电动汽车驱动单元的功能是将储存在动力蓄电池中的电能高效地转化为车轮的动能进而推进汽车行驶,并能够在汽车减速制动或者下坡时实现再生制动。( )
3. 集中驱动利用一个动力源,通过变速器和减速器(或只通过减速器)降速增矩,最后经差速器将驱动转矩大致平均地分配给左右驱动半轴,可以采用前轮驱动、后轮驱动或四轮驱动的形式。( )
4. 与集中驱动相比,独立驱动的效率较低,成本较高。( )
5. 纯电动汽车常用的电机驱动系统有两种:直流电机驱动系统、交流电机驱动系统。( )
6. 北汽新能源 EV 系列纯电动汽车的电机控制系统由电机和电机控制器组成。( )
7. 电机控制器又称智能功率模块,电机控制器是系统的控制中心。它对所有输入信号进行处理,并将电机控制系统运行状态的信息发送给整车控制器。( )

二、选择题

1. (多选)下面说法正确的是(   )。
   A. 与纯电动汽车相比,混合动力电动汽车驱动单元的结构较简单
   B. 随着电机技术和电机控制技术的发展,目前直流电机应用越来越少
   C. 现在在电动汽车上应用的常见电机有永磁同步电机和交流异步电机
   D. 纯电动汽车驱动单元是电动汽车的核心,也是区别于燃油汽车的最大特征
2. 针对驱动轮所施加驱动转矩的来源,电动汽车所采用的驱动方式总体上可分为(   )种。
   A. 5   B. 4   C. 3   D. 2
3. 纯电动汽车常用的电机驱动系统有(   )种类型。
   A. 5   B. 4   C. 3   D. 2
4. 下面说法不正确的是(   )。
   A. 与永磁无刷电机、开关磁阻电机相比,异步电机成本低,但控制较复杂
   B. 与异步电机相比,永磁同步电机成本较高,可靠性和使用寿命较差
   C. 直流电子驱动系统具有结构简单,技术成熟,效率高的特点
   D. 目前大多数纯电动汽车的永磁同步电机都带有冷却系统

任务3 新能源汽车驱动电机及驱动电机控制器认知

任务描述

作为从事新能源汽车行业的专业人员,你知道新能源汽车驱动电机及驱动电机控制器的功能、原理等有哪些吗?

一、知识准备

(一)驱动电机的功能

驱动电机是为车辆提供驱动力的电机,它可以将电能转化成机械能。驱动电机对于新能源汽车来说就像人的心脏一样重要,它是新能源汽车驱动系统的核心部件之一(图 1-36)。

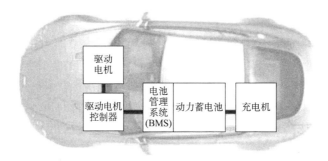

图 1-36　驱动电机位置

纯电动汽车的驱动电机需要在各个转速下均能够产生转矩。图 1-37 所示为驱动电机的转速与转矩之间的关系。

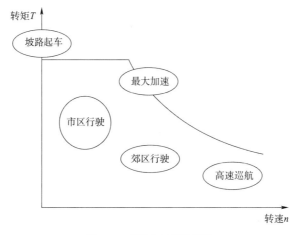

图 1-37　转速与转矩关系图

驱动电机在中速以下时要求恒定功率输出,转矩与速度组合决定驱动电机的运转情况,根据坡道起步、急加速、行驶区域、高速巡航等行驶状态的不同,其运转情况会发生很大的变化。

(二)驱动电机的要求

1. 条件适应性

(1)与传统工业电动机不同,驱动电机通常要求能够频繁起动/制动、加速/减速、低速/

爬坡时要求高转矩,高速行驶时要求低转矩且变速范围大。

(2) 为了充分利用有限的车载空间,减小汽车质量,降低运行中的能量消耗,应尽量减小驱动电机的体积和质量。

(3) 为满足轻量化和小型化要求,驱动电机材料开始采用铝合金外壳,各种控制装置和冷却系统等也开始向轻量化、简约化发展。

2. 性能实现性

(1) 续航里程一直是新能源汽车的短板,而提升续航里程的方法就是提升驱动电机的效率,如工作效率高、高效区广、质量轻。

(2) 由于新能源汽车的整车空间有限,因此要求驱动电机结构紧凑、尺寸小,故驱动电机的尺寸受限,必须缩小驱动电机的体积,提高驱动电机的功率密度和转矩密度。

3. 安全性及舒适性

动力蓄电池组、驱动电机等强电部件的工作电压能达到300V以上,对电气系统、控制系统的安全性提出了更高要求,新能源汽车驱动电机必须符合相关车辆电气控制的安全性能标准和规定。同时还需提升舒适度,即驱动电机在运行时不会对驾驶人产生体验上的不适,驱动电机运行时无振动和噪声情况。安全与舒适性关系图如图1-38所示。

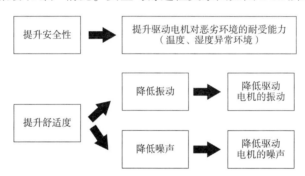

图1-38 安全与舒适性关系图

(三) 驱动电机的类型

1. 无刷直流电机

无刷直流电机是输出或输入为直流电能的旋转电机,它是能实现直流电能和机械能互相转换的电机。如图1-39为直流电机基本结构示意图,它的固定部分(定子)上,装设了一对直流励磁的静止的主磁极N和S,在旋转部分(转子)上装设电枢铁芯。

在电枢铁芯上放置了由两根导体连成的绕组线圈,线圈的首端和末端分别连到两个圆弧形的铜片上,此铜片称为换向片。换向片之间互相绝缘,由换向片构成的整体称为换向器。换向器固定在转轴上,换向片与转轴之间亦互相绝缘。在换向片上放置着一对固定不动的电刷B1和B2,当电枢旋转时,电枢线圈通过换向片和电刷与外电路接通。图1-40所示为直流电机换向过程。

无刷直流电机波形如图1-41所示,无刷直流电动机在工作时,定子绕组中通电状态不断变化,其电流是一个方波,其产生的磁场是一个在空间跳跃式前进的步进磁场,这个磁场会与转子永磁体产生的磁场相互作用拖动转子同步旋转。因此,无刷直流电动机又叫方波同步电机。

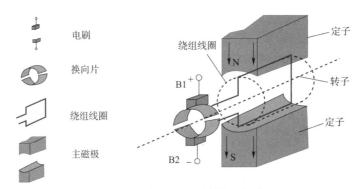

图 1-39　直流电机基本结构示意图

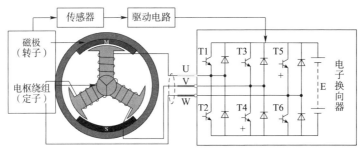

图 1-40　直流电机换向过程示意图

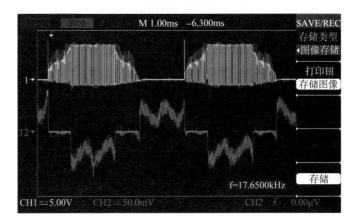

图 1-41　无刷直流电机波形图

2. 感应电机

感应电机又称"异步电机"(图 1-42),即转子置于旋转磁场中,在旋转磁场的作用下,获得一个转动力矩使转子转动。转子是可转动的导体,通常多呈鼠笼形。

感应电机的笼形导体将棒状的导体排布在圆周上,端部通过圆环短路。感应电机的内侧为线槽,在其内部缠绕三相分布绕组,每个绕组由 2 个线圈串联而成,称为感应电机线圈,首尾端点分别为 U_1、U_2、U_3、U_4,V_1、V_2、V_3、V_4 和 W_1、W_2、W_3、W_4。感应电机线圈如图 1-43 所示。

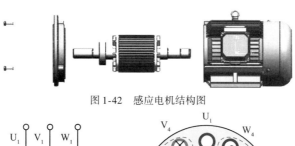

图 1-42 感应电机结构图

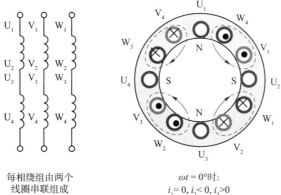

每相绕组由两个
线圈串联组成

$\omega t = 0°$时：
$i_1 = 0, i_2 < 0, i_3 > 0$

图 1-43 感应电机线圈示意图

三相分布绕组接通三相交流电流（i_1、i_2、i_3）后产生旋转磁场，转子导体棒横穿磁场，根据右手法则，在转子内产生电动势，该电动势使得电流在转子导体内流动，再按照左手法则，由转子导体的电流与定子的励磁产生力，产生转矩。可概括为以下 3 个过程：

旋转磁场的产生如图 1-44 所示。

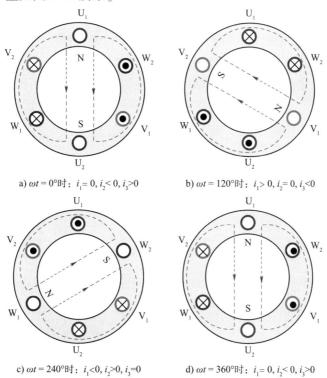

a) $\omega t = 0°$时：$i_1 = 0, i_2 < 0, i_3 > 0$

b) $\omega t = 120°$时：$i_1 > 0, i_2 = 0, i_3 < 0$

c) $\omega t = 240°$时：$i_1 < 0, i_2 > 0, i_3 = 0$

d) $\omega t = 360°$时：$i_1 = 0, i_2 < 0, i_3 > 0$

图 1-44 旋转磁场产生过程示意图

(1)电生磁:三相交流电流在角频率(wt)变化过程中的正负值不同,使通过感应线圈首尾端的电流方向发生变化,即产生的磁场会旋转移动,称为旋转磁场,$wt=0°$、$wt=120°$、$wt=240°$、$wt=360°$时的旋转磁场如图1-44所示。

(2)磁生电:旋转磁场切割转子导体感应电动势和电流。

(3)电磁力:转子载流体(有功分量电流)在磁场作用下受电磁力作用,形成电磁转矩,驱动电机旋转。

3. 永磁同步电机

永磁同步电机结构如图1-45所示。

图1-45 永磁同步电机结构图

(1)定子绕组。定子绕组一般制成多组(三、四、五相不等),通常为三相绕组。三相绕组沿定子核心对称分布,在空间互呈120°。通入三相交流电时,产生旋转磁场。

(2)转子。转子采用永磁体,目前主要以钕铁硼作为永磁材料。采用永磁体简化了电机的结构,提高了可靠性,并且无转子铜耗,提高驱动电机的效率。

由于电机定子三相绕组中接入三相对称交流电而产生旋转磁场,根据磁极异性相吸、同性相斥的原理,不论定子旋转磁极与永磁铁磁极起始相对位置如何,定子的旋转磁极总会因磁力而拖着转子同步旋转。

永磁同步电机的工作过程如图1-46所示。

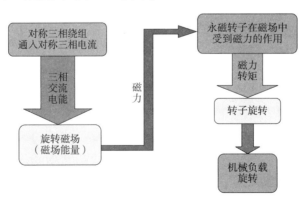

图1-46 永磁同步电机工作过程图

4. 开关磁阻电机

开关磁阻电机如图1-47所示。

(1)定子。开关磁阻电机的定子铁芯由硅钢片叠压而成,成对的齿极上绕有两个互相串联的绕组。

(2)转子。开关磁阻电机的转子也是由导磁性能良好的硅钢片叠压而成,转子的凸极上无绕组。

以四相SR开关磁阻电机为例,其线圈示意图如图1-48所示。

图1-47 开关磁阻电机结构图

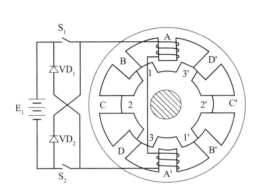
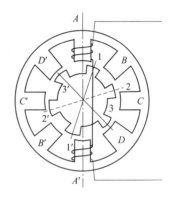

图1-48 开关磁阻电机线圈示意图

①定子和转子均为凸极结构。

②定子上空间相对的两个极上的线圈串联成一相绕组,共有4组绕组,分别为A-A'、B-B'、C-C'、D-D'。

③定子集中绕阻、绕组为单方向通电。

④转子由高磁性体铁心组成,共有3对磁极,分别为1-1'、2-2'和3-3'。

(3)运行原理——磁阻最小原理。当图1-48中开关S_1、S_2闭合,线圈将通电,由于磁通总是要沿着磁通最小路径闭合,一定形状的铁芯在移动到最小磁阻位置时,必定使自己的轴线与主磁场的轴线重合,具体过程如下:

①A-A'通电,1-1'与A-A'与重合。

②B-B'通电,2-2'与B-B'与重合。

③C-C'通电,3-3'与C-C'与重合。

④D-D'通电,1-1'与D-D'与重合。

依次给A-B-C-D绕组通电,转子逆励磁顺序方向连续旋转。

(四) 驱动电机控制器的功能

驱动电机控制器除了有怠速控制(爬行)、控制电机正转和反转(前进与倒车)、驻坡(防溜车)功能外,还有一个重要功能是通信和保护,即实时进行状态和故障检测,适时监控系统运行、保护驱动电机和整车安全可靠运行,若驱动系统出现故障,则以故障码的形式保存并反馈给控制器。其结构如图1-49所示。

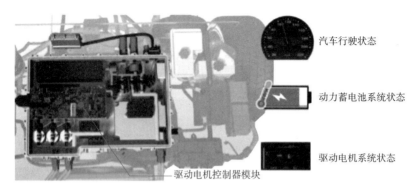

图1-49 驱动电机控制器结构示意图

(五)驱动电机控制器的组成

1. 电子控制模块

电子控制模块包括硬件电路和相应的控制软件。硬件电路主要包括微处理器及其最小系统,对电机电流、电压、转速、温度等状态的监测电路,各种硬件保护电路及与整车控制器、电池管理系统等外部控制单元数据交互的通信电路。控制软件根据不同类型电机的特点实现相应的控制算法。其内部元件如图1-50所示。

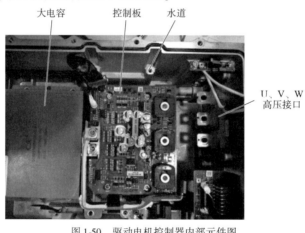

图1-50 驱动电机控制器内部元件图

2. 驱动器

驱动器将微控制器对电机的控制信号转换为驱动功率变换器的驱动信号,并实现功率信号和控制信号的隔离。

3. 功率变换模块

功率变换模块对电机电流进行控制。电动汽车经常使用的功率器件有大功率晶体管、门极可关断晶闸管、功率场效应管、绝缘栅双极晶体管以及智能功率模块等。

(六)驱动电机控制器的工作原理

1. 电动状态

处于电动状态下的驱动电机控制器的作用是将动力蓄电池提供的能量转换成驱动电机

的动能,助力车辆行驶,降低电量消耗。工作示意图如图1-51所示。

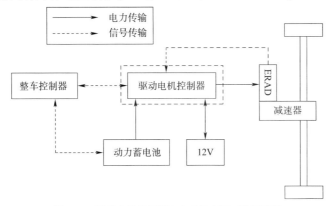

图1-51　驱动电机控制器在电动状态下工作示意图

2. 发电状态

处于发电状态下的驱动电机控制器的作用是将驱动电机的动能转换成动力蓄电池能够存储的电能,用于发电或能量回馈等工况的需要。其工作示意图如图1-52所示。

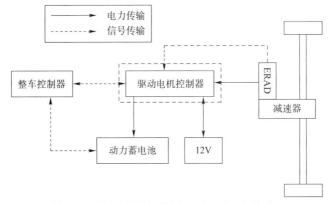

图1-52　驱动电机控制器在发电状态下工作示意图

3. 故障状态

当驱动电机控制器或整车发生故障时,驱动电机控制器将会进入故障状态。在此状态下,高压网络内不会有能量的流动传输。其工作示意图如图1-53所示。

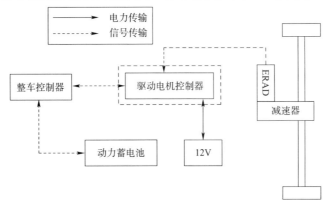

图1-53　驱动电机控制器在故障状态下工作示意图

二、任务实施

1. 实施要求

本操作任务主要完成比亚迪 E5 高压电控总成的识别和特点分析。

(1)比亚迪 E5 高压电控总成结构认知。

(2)比亚迪 E5 高压电控总成高压输入侧端口功能认知。

(3)比亚迪 E5 高压电控总成高压输出侧端口功能认知。

(4)比亚迪 E5 高压电控总成低压输出侧端口功能认知。

2. 实施准备

(1)防护装备。

(2)车辆、台架、比亚迪 E5 纯电动汽车驱动单元总成及部件;比亚迪 E5 高压电控总成单元挂图、模型及视频资料。

(3)专用工具、设备。

(4)手工工具。

(5)辅助材料。

3. 实施步骤

(1)比亚迪 E5 高压电控总成认知。

参观实训室的比亚迪 E5 高压电控总成单元挂图、模型;检索资料、网上搜索或走访周边汽车销售店面,了解比亚迪 E5 高压电控总成的结构和特点。

提示:可参照"学习拓展"的内容。

(2)比亚迪 E5 高压电控总成各端口连接线束认知。

根据实训室的装备,认识比亚迪 E5 高压电控总成各输出端口的连接线束。

三、任务工单

根据布置的任务要求,确定所需要的实训场地、设备及工具,以小组讨论的方式制订详细的工作计划(操作流程或工序),以小组活动的形式实施计划(对小组成员进行合理分工),完成任务并记录。

任务实训工作记录单

任务名称					
组长姓名		班级		同组同学	
教师姓名		地点		日期	
实训目标					
设备工具					
组员分工					

实训过程内容与流程记录	
实训步骤	
实训任务回顾与总结	
任务收获与结果	
建议和改进措施	

课后习题

一、填空题

1. 永磁同步电机定子绕组通常称为三相绕组,绕组排列在空间上互差_____°,通入三相交流电,产生_____。

2. 三相电机一般有两种接线方式:_____连接和_____连接。

3. 永磁同步电机通入三相交流电后,定子产生的旋转磁场的旋转速度和转子的旋转速度_____。

4. _____将电源提供的直流电转化成电枢绕组所需要的交流电,以保证电枢绕组所保持的转矩方向不变。

二、选择题

1. 同步电机与异步电机的主要区别在于( )。
   A. 是否可直接使用380V三相电源　　B. 同步电机的尺寸更大
   C. 电机转速与旋转磁场转速相等　　D. 同步电机转速低

2. 三相异步电动机的定子旋转磁场的旋转方向是由通入绕组中的电流的( )决定的。
   A. 相序　　　B. 大小　　　C. 频率　　　D. 初相位

3. (多选)三相异步电动机的转子绕组的作用是( )。
   A. 导磁
   B. 通入三相交流电产生旋转磁场
   C. 载流的转子导体在磁场中受电磁力作用
   D. 通过电磁感应产生感应电动势和电流

4. (多选)对称的三相交流电是指电流( )的三相交流电。
   A. 大小相等　　B. 频率相同　　C. 相位互差120°　　D. 结构相同

项目二
新能源汽车驱动电机拆装与检修

知识目标

(1) 能够描述永磁同步电机的拆装工艺和检修方法。
(2) 能够描述三相异步电机的拆装工艺和检修方法。
(3) 能够了解混合动力电动汽车驱动电机相关知识。

技能目标

(1) 具备检索资料能力,掌握纯电动汽车永磁同步电机的拆装和检修。
(2) 具备检索资料能力,掌握纯电动汽车三相异步电机的拆装和检修。
(3) 具备检索资料能力,掌握代表混合动力电动汽车典型车型驱动电机的结构特点。

素养目标

(1) 能够制订工作计划,独立完成工作学习任务。
(2) 能够在工作过程中,与小组其他成员合作、交流并进行学习任务分工,具备团队合作和安全操作的意识。
(3) 养成服从管理,规范作业的良好工作习惯。

 任务1 新能源汽车永磁同步电机原理与检修

任务描述

假设你在新能源汽车修理店工作,今天客户的一辆吉利帝豪 EV300 新能源汽车来店检修,经检查,你发现该车驱动电机性能异常。师傅要求你对该车驱动电机进行拆装和检修,经查找资料确认该驱动电机为永磁同步电机,你知道如何安全、规范地拆装、检修此类驱动电机吗?

一、知识准备

永磁同步电机(permanent magnet synchronous motors, PMSM)具有高转矩/惯量比、高功率密度、高效率、体积小、响应快、运行可靠等优点,与异步电机相比,其无须励磁电流,因而功率因数高;主磁场由转子永磁体提供,因而无转子铜耗和铁耗(或铁耗很小)。近年来由于永磁材料性能不断提高及PMSM控制技术不断成熟,PMSM在电动汽车上的应用越来越广泛。

永磁指在制造电机转子时加入永磁体,使电机的性能得到进一步提升。同步则指转子的转速与定子绕组的电流频率始终保持一致,因此通过控制电机的定子绕组输入电流频率,电动汽车的车速将最终被控制。而如何调节电流频率是电控部分所要解决的问题。永磁同步电机是汽车的动力源,向外输出转矩,驱动汽车前进或后退,同时也可以作为发电机发电(例如在滑行、制动过程中,发动机输出额外转矩的势能或者动能通过发电机转化为电能存储)。

(一)电动汽车永磁同步电机分类

新能源汽车永磁同步电机种类繁多,按照工作主磁场方向的不同,分为径向磁场式电机和轴向磁场式电机;按照电枢绕组位置的不同,分为内转子式电机和外转子式电机;按照转子上有无起动绕组,分为无起动绕组电机和有起动绕组电机;按照供电电流波形的不同分为矩形波永磁同步电机和正弦波永磁同步电机。本文主要介绍正弦波永磁同步电机。

(二)永磁同步电机结构

永磁同步电机的外形如图2-1所示。

a) 雪铁龙电动汽车永磁同步电机

b) 比亚迪e6汽车车用永磁同步电机

图2-1 永磁同步电机外形

永磁同步电机主要由转子、定子绕组、转速传感器以及外壳、冷却等零部件组成。在定子和转子中间还有一个比较小的空气隙,定子有比较充足的硬度和韧度,可以减少电机运转时产生的铁耗,转子装有永磁材料,由叠片压制而成,材料有硅钢片、铜导条和铝等。图2-2所示为C33DB永磁同步电机的结构。图2-3所示为通用汽车上使用的永磁电机结构。图2-4所示为奥迪汽车上使用的永磁电机结构。

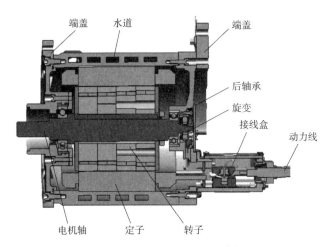

图 2-2　C33DB 永磁同步电机结构

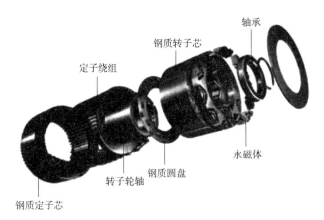

图 2-3　通用汽车永磁同步电机结构

图 2-4　奥迪汽车永磁同步电机结构

本文主要介绍吉利帝豪 EV300 永磁同步电机拆装及检修方法。

(三)永磁同步电机工作原理

永磁同步电机原理如图 2-5 所示,在交流异步电机中,转子磁场的形成要分两个步骤:①定子旋转磁场先在转子绕组中感应出电流;②感应电流再产生转子磁场,在楞次定律的作用下,转子跟随定子旋转磁场转动,但又"永远追不上"。如果转子绕组中的电流不是由定子旋转磁场感应的,而是自己产生的,则转子磁场与定子旋转磁场无关,而且其磁极方向是固定的,那么根据同性相斥、异性相吸的原理,定子的旋转磁场会拉动转子旋转,并且使转子磁场及转子与定子旋转磁场"同步"旋转,这就是同步电机的工作原理。

图 2-5 永磁同步电机原理示意图

整个工作过程是:定子绕组输入三相正弦交流电→产生旋转磁场→与永磁转子磁场作用→转子产生转矩→转子随定子的旋转磁场转动(即转子的转动与旋转磁场同步)。

当三相电流通入永磁同步电机的三相对称绕组中时,电流产生的磁动势合成一个幅值大小不变的旋转磁动势,由于其幅值大小不变,这个旋转的磁动势的轨迹便形成一个圆,被称为圆形旋转被磁动势,其大小正好为单相磁动势最大幅值的 1.5 倍,即:

$$F = \frac{3}{2} \times F_{\varphi_1} = \frac{3}{2} \times 0.9k \frac{NI}{P} \tag{2-1}$$

式中:F——圆形旋转被磁动势,T·m;

F_{φ_1}——单相磁动势最大幅值,T·m;

k——基波绕组系数;

P——电极极对数;

N——每一线圈的串联匝数;

I——线圈中流过的电流的有效值,A。

由于永磁同步电机的转速恒为同步转速,转子主磁场和定子圆形旋转磁动势产生的旋转的磁场也保持相对静止,两个磁场相互作用,在定子与转子之间的气隙中形成一个合成磁场,它与转子主磁场相互作用产生一个推动或阻碍驱动电机旋转的电磁转矩,由于气隙合成磁场与转子主磁场位置关系不同,永磁同步电机既可运行于电动状态,也可运行于发电状态,永磁同步电机的运行原理如图 2-6 所示。

当气隙合成磁场滞后于转子主磁场时,产生的电磁转矩与转子旋转方向相反,这时驱动电机处于发电状态。相反,当气隙合成磁场超前于转子主磁场时,产生的电磁转矩与转子旋转方向相同,这时驱动电机处于电动状态,转子主磁场与气隙合成磁场之间的夹角 θ 称为功率角。在电动汽车工作时,传感器将加速踏板、制动踏板机械位移的行程量转换为电信号,输入中央控制系统,经中央控制器处理后发出驱动信号,实现对电动汽车工况的控制。当汽车行驶前进时,动力蓄电池输出的直流电经驱动电机控制系统变为交流电后供入驱动电机,驱动电机输出的转矩经传动系统驱动车轮。

当汽车减速时,车轮带动驱动电机转动,通过驱动电机控制系统,使驱动电机成为交流发电机产生电流,再将交流电变为直流电向动力蓄电池充电(制动再生能量)。同时,EV控制系统通过各种传感器、电流检测器对动力蓄电池、驱动电机进行监控并及时反馈信息和报警,并通过电流表、电压表、电功率表、转速表和温度表等仪表进行显示。

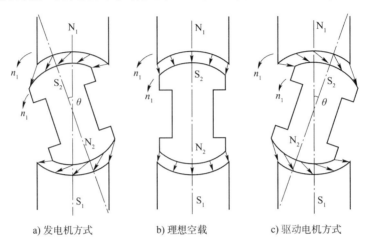

a) 发电机方式　　　b) 理想空载　　　c) 驱动电机方式

图 2-6　永磁同步电机的三种不同运行状态

n-转速;N_1、S_1-气隙合成磁场;N_2、S_2-转子主磁场;θ-转子主磁场与气隙合成磁场之间的夹角

(四) 永磁同步电机特性

1. 驱动特性

图 2-7 是永磁同步电机的驱动特性曲线,横坐标为转速 n,纵坐标为电压 U、转矩 T、电流 I,从图中可以看出:永磁同步电机系统具有更高的效率,尤其是低速下有更高的效率和更高的功率密度。

2. 运行特性

永磁同步电机的运行特性主要是力学特性和工作特性。永磁同步电机稳态正常运行时,转速 n 始终保持同步速不变,因此,其力学特性为平行于横轴的直线。调节电源频率 (f_1、f_2、f_3) 来调节电机转速时,转速将严格与频率成正比例变化。力学特性曲线图如图 2-8 所示。

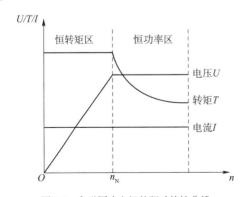

图 2-7　永磁同步电机的驱动特性曲线

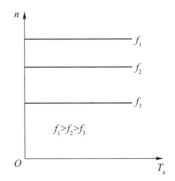

图 2-8　永磁同步电机的力学特性曲线图

永磁同步电机的工作特性是指当电源电压恒定时,电机的输入功率 P_1、电枢电流 I_1、效率 η、功率因数 $\cos\varphi$ 等随输出功率 P_2 变化的关系。

永磁同步电机具有效率高、结构简单、转矩密度高、体积小、质量小、快速响应能力好、功率因素高等优点,特别是内置式永磁同步电机,其转子交、直轴磁路不对称增加了磁阻转矩,提高了功率密度和过载能力,而且易于弱磁调速。

(五)吉利帝豪 EV300 永磁同步电机结构

1. 组成

吉利帝豪 EV300 驱动装置采用的是永磁同步电机(三相交流),其实车位置装配如图 2-9 所示。

a)　　　　　　　　　　　　　　　　b)

图 2-9　吉利帝豪 EV300 永磁同步电机

永磁同步电机主要组成部件见表 2-1。

永磁同步电机组成部件明细　　　　表 2-1

部件名称	规格	品牌
前端盖	P0011358	JJE
后端盖	P0011361	JJE
定子壳体总成	P0011393	JJE
转子总成	P0007477	JJE
轴承	6007-2z-c3-wt	SKF
低压插接件	DTM04-12PA-L012	德驰
接线板组件	P0011374	JJE
旋变总成(套)	EU2932N45E274	多摩川

2. 永磁同步电机低压控制端子功能

1)永磁同步电机低压控制端子实车装配位置与引脚功能

永磁同步电机低压控制端子实车装配位置如图 2-10 所示,引脚功能见表 2-2。

2)永磁同步电机低压控制端子引脚功能介绍

吉利帝豪 EV300 永磁同步电机 EP13 插头实际位置和针脚号定义详见表 2-2。

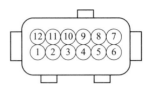

图 2-10 吉利帝豪 EV300 永磁同步电机低压控制端子实物与端子编号

吉利帝豪 EV300 永磁同步电机 EP13 插头实际位置和针脚号定义　　表 2-2

端子号	端子定义	线径(mm^2)颜色	端子状态	规定条件(电压,电流,波形)
1	R1 +	0.5L/R	NTC 温度传感器 1	—
2	R1 −	0.5R		—
3	R2 +	0.5Br/W	NTC 温度传感器 2	—
4	R2 −	0.5W/G		—
5	GND	0.5B	屏蔽	负极
6	GND	0.5B		负极
7	COSL	0.5P	旋变余弦	—
8	COS	0.5L		—
9	SINL	0.5W	旋变正弦	—
10	SIN	0.5Y		—
11	REFL	0.5O	旋变励磁	—
12	REF	0.5G		—

(六)吉利帝豪 EV300 永磁同步电机拆装流程

电机拆装工位准备

1. 拆装注意事项

(1)工位设置安全警示牌和隔离带,必须配备灭火器和触点急救设备。
(2)对照吉利 EV300 车型的维修手册,完成对应部件的拆装与检测。
(3)拆装前后必须进行上电和下电检查,同时必须使用绝缘测试仪进行绝缘测试。
(4)必须使用平顶正确举升永磁同步电机与车辆分离,并做好相应的防护处理。
(5)永磁同步电机拆装前后必须做好相应标记,记录好相应数据。

2. 拆装步骤

(1)工位准备:吉利 EV300 车型,专用电动车举升机,对应车型维修手册,如图 1-4 所示。
(2)工具准备:专用电动汽车拆装工具柜、绝缘测试仪、钳形万用表、专用诊断仪器、跨线诊断盒、车内外防护三件套。
(3)安全防护准备:个人安全防护用品(绝缘鞋、安全头盔、护目镜、绝缘手套、工装),地面铺设绝缘垫,绝缘指示牌。
(4)给车辆下电操作,打开前机舱盖,操作制冷剂回收装置,断开动力蓄电池负极。佩戴

项目(二) 新能源汽车驱动电机拆装与检修

绝缘手套断开动力蓄电池高压插接器,并安放至指定位置,静置 5min 以上,如图 2-11 所示。

检查蓄电池和高压
母线并举升车辆

a)   b)   c)

图 2-11 车辆高压防护与断电

(5)拆卸左右前轮轮胎,拆卸驱动轴,如图 2-12 所示。

拆卸轮胎

拆卸半轴

a)拆卸车轮固定螺栓   b)对角线拆卸   c)拆卸轮毂轴承螺栓

图 2-12 轮胎与驱动轴拆卸

(6)断开高压母线,使用绝缘测试仪测量母线电压低于人体安全电压以下后操作相应高压部件;此外,所有高压部件拆装前都需进行绝缘测试,以确保安全。

(7)拆卸分线盒,拆卸车载充电机,拆卸永磁同步电机控制器上盖,拆卸永磁同步电机控制器,如图 2-13 所示。

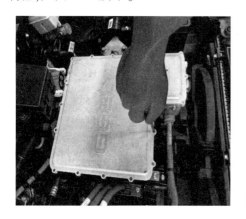

拆卸电机
高压电缆

图 2-13 拆卸车载充电机及电机控制器

图 2-14 拆卸车辆机舱护板拆卸

(8)拆卸三相电缆,拆卸冷却液储液罐,拆卸机舱底部护板,如图 2-14 所示。

(9)拆卸压缩机,拆卸制冷空调管路,如图 2-15 所示。

(10)拆卸制动真空泵及冷却水泵,如图 2-16 所示。

(11)固定永磁同步电机,使用吊装工具从上端固定永磁同步电机,如图 2-17 所示。

图 2-15 拆卸压缩机、制冷空调管路

拆卸电机相关
线束、管路、螺栓

电机分解

图 2-16 拆卸制动真空泵及冷却水泵

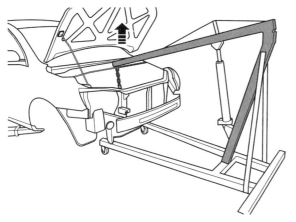

图 2-17 吊装工具从上端固定永磁同步电机

(12) 拆卸前后悬置,左右悬置总成。

(13) 拆卸永磁同步电机及减速器总成:拆卸永磁同步电机进出水管卡箍,脱开电机冷却水管;断开驻车电机线束连接器,脱开线束固定卡扣;拆卸动力总成托架搭铁线束固定螺栓,脱开动力总成托架线束;拆卸动力线束搭铁螺栓。

注意:水管脱开前请在车辆底部放置容器,接住防冻液,以免污染地面,拆卸或安装水管卡箍时都应使用专用的卡箍钳。如图 2-18 所示。

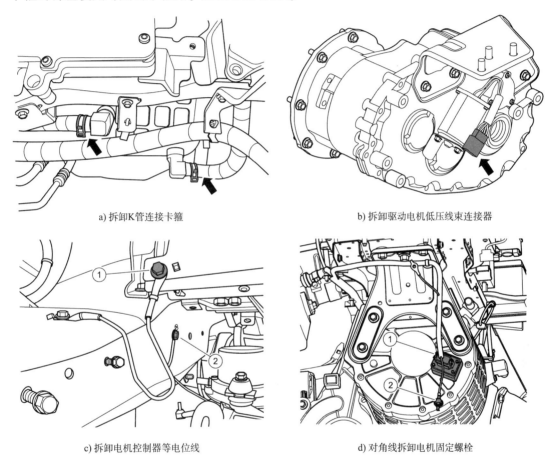

a) 拆卸K管连接卡箍　　　　　　　　b) 拆卸驱动电机低压线束连接器

c) 拆卸电机控制器等电位线　　　　　d) 对角线拆卸电机固定螺栓

图 2-18　吉利帝豪 EV300 拆卸驱动电机及减速器总成

(14) 断开永磁同步电机线束连接器①,拆卸永磁同步电机搭铁线束固定螺栓②,脱开永磁同步电机搭铁线束,脱开动力总成托架上的动力线束卡扣,从动力总成,如图 2-19 所示。

(15) 举升吊装工具,移出永磁同步电机及减速器总成。

注意:举升过程中应缓慢向外移动,避免吊装工具与机舱盖产生干涉。

(16) 拆卸减速器总成,拆卸动力总成托架。

(17) 使用托顶从下方托住永磁同步电机。在支撑前,托顶与永磁同步电机之间放置木块,以免减速器滑动如图 2-20 所示。

(18) 拆卸前悬置支架电机侧 4 个固定螺栓。拆卸减速器前部 4 个固定螺栓,如图 2-21 所示。

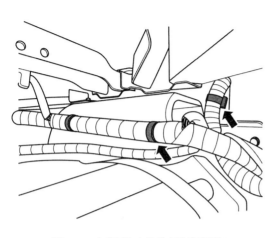

图 2-19 永磁同步电机线束连接器拆卸

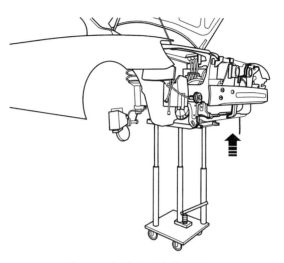

图 2-20 永磁同步电机总成拆卸

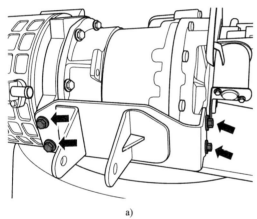

a)

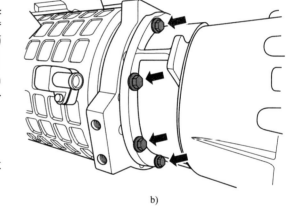

b)

图 2-21 固定螺栓拆卸

(19) 拆卸减速器后部 3 个固定螺栓, 拆卸永磁同步电机右固定支架, 上部 3 个固定螺栓①, 如图 2-22 所示。

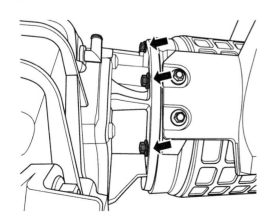

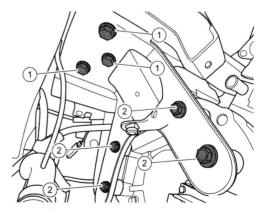

图 2-22 减速器后部和电机右固定支架螺栓拆卸

(20)拆卸电机右固定支架、下部 4 个固定螺栓(图 2-23),取下电机右固定支架。用合适的工具轻撬减速器与电机结合处,抽出电机总成,如图 2-23 所示。

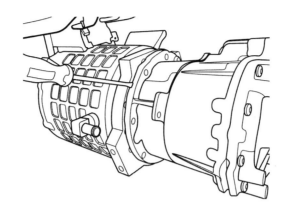

驱动电机
内部检查

图 2-23　永磁同步电机固定支架拆卸

(七)永磁同步电机结构常见故障及检修方法

1. 永磁同步电机绝缘值异常

1)电路图分析

如图 2-24 所示,判断永磁同步电机绝缘值是否正常,在断开高压电的前提下,分别测量 EP62-1、EP62-2、EP62-3 与永磁同步电机壳体之间的绝缘值是否在标准范围内。

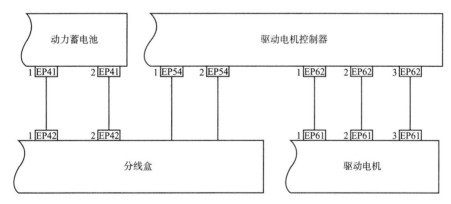

图 2-24　永磁同步电机线路连接电路图

2)检修流程分析

(1)断开高压回路。

①操作启动开关使电源模式至 OFF 状态。

②断开动力蓄电池负极电缆。

③拆卸维修开关。

④断开永磁同步电机控制器高压线线束连接器 EP54。

⑤等待 5min。

⑥用万用表检测永磁同步电机控制器正负极 EP54-1 与 EPS54-2 电压。标准电压≤5V。如>5V,则等待永磁同步电机电压下降;如≤5V,则执行下一步检测。

(2)测量永磁同步电机绝缘阻值。

①拆卸永磁同步电机三相线束线束连接器 EP62(永磁同步电机控制器侧)。

②将高压绝缘检测仪的挡位调至 1000V。

③用高压绝缘检测仪测量三相线束线束连接器 EP62 的 1 号端子与永磁同步电机壳体之间的电阻。标准电阻:≥20MΩ。

④用高压绝缘检测仪测量三相线束线束连接器 EP62 的 2 号端子与永磁同步电机壳体之间的电阻。标准电阻:≥20MΩ。

⑤用高压绝缘检测仪测量三相线束线束连接器 EP62 的 3 号端子与永磁同步电机壳体之间的电阻。

⑥确认测量值是否符合标准。

标准绝缘阻值均为≥20MΩ。如测量结果<20MΩ,则需要修理或更换线束;测量结果≥20MΩ,则绝缘阻值正常。

3)实车检修步骤

(1)准备工作。

①工位准备:吉利 EV300 车辆、专用举升机工位、维修资料。

②工具准备:专用电动汽车拆装工具柜,绝缘测试仪,钳形万用表,专用诊断仪器,跨线诊断盒,车内外防护三件套。

③安全防护准备:个人安全防护用品(绝缘鞋,安全头盔,护目镜,绝缘手套,工装),地面铺设绝缘垫,绝缘指示牌。

(2)实施步骤。

操作前先检查工位准备情况,确保场地操作安全(车顶安放高压操作危险标识),并配有安全急救设备(心电除颤仪)和灭火器、医用急救包等常规救急用品,熟悉系统功能和操作内容后再开始系统诊断,在出现故障时有助于确定正确的故障诊断步骤。

①目视检查。检查可能影响永磁同步电机操作的售后加装装置,检查易于接触或能够看到的系统部件,查明其是否有明显损坏或存在可能导致故障的情况。检查车辆的上电及下电情况,确保使用前操作正常,永磁同步电机能正常工作,使用诊断仪器操作无故障码,数据流正常。

②给车辆下电操作,打开前机舱盖,断开动力蓄电池负极。佩戴绝缘手套断开动力蓄电池高压线束插接器并安放至指定位置,静置 5min 以上,使用万用表测量控制器正负极电压,如图 2-25 所示。

③拆卸永磁同步电机控制器上盖(图 2-26),分别找到端子 EP62-1、EP62-2、EP62-3,并依次测量 EP62-1、EP62-2、EP62-3 端子与永磁同步电机壳体之间的绝缘阻值(图 2-27)。

图 2-25　测量控制器正负极低压

项目二 新能源汽车驱动电机拆装与检修

图 2-26 拆卸永磁同步电机控制器上盖

图 2-27 测量永磁同步电机绝缘阻值

2. 永磁同步电机异响、强烈振动或转速和输出功率达不到要求时的故障分析

永磁同步电机的电磁噪声在极低速输出大转矩时会变得更加明显。当遇此工况时,永磁同步电机控制器就会降低 IGBT 的变换频率,这时就会出现上述状况。这并不意味着永磁同步电机控制器的特性或控制存在问题。诊断步骤如下。

1)检查紧固永磁同步电机固定螺栓

(1)操作启动开关使电源模式至 OFF 状态。

(2)检查永磁同步电机后端盖与悬架支架连接螺栓是否紧固。

(3)检查永磁同步电机前端盖与减速器壳体连接螺栓是否紧固。

2)检查电机冷却系统

(1)操作启动开关使电源模式至 ON 状态。

(2)检查冷却管路无老化、变形、渗漏。

(3)确认水箱、管路无水垢、堵塞现象。

(4)确认水泵是否工作正常。

3)检查电机线束连接器

(1)操作启动开关使电源模式至 OFF 状态。

(2)检查永磁同步电机低压线束连接器是否插接牢固、无松脱。

(3)检查永磁同步电机高压线束连接器是否插接牢固、无松脱。

4)检查永磁同步电机三相线束紧固力矩

(1)操作启动开关使电源模式至 OFF 状态。

(2)断开动力蓄电池负极电缆。

(3)拆卸维修开关。

(4)检查三相线检查固定螺栓的紧固力矩(永磁同步电机控制器侧)是否符合标准。

(5)检查三相线检查固定螺栓的紧固力矩(永磁同步电机侧)是否符合标准。

5)检查永磁同步电机三相线束是否相互短路故障

(1)操作启动开关使电源模式至 OFF 状态。

(2)断开动力蓄电池负极电缆。
(3)拆卸维修开关。
(4)断开永磁同步电机三相线束连接器EP61。
(5)断开永磁同步电机三相线束连接器EP62。
(6)用万用表按表2-3选取测量位置。

表2-3 测量位置

测量位置A	测量位置B	测量电阻标准值
EP61-1	EP61-2	20kΩ 或更高
EP61-1	EP61-3	
EP61-2	EP61-3	

6)检测永磁同步电机三相线绝缘电阻
(1)操作启动开关使电源模式至OFF状态。
(2)拆卸维修开关。
(3)断开永磁同步电机三相线束连接器EP61。
(4)断开永磁同步电机三相线束连接器EP62。
(5)用万用表按表2-4选取测量位置。

表2-4 测量位置

测量位置A	测量位置B	测量电阻标准值
EP61-1	车身搭铁	20kΩ 或更高
EP61-2	车身搭铁	
EP61-3	车身搭铁	

7)进行前后端盖清理检查
(1)拆卸永磁同步电机。
(2)用除锈清洗剂清洗端盖,端盖无灰尘、无杂物,止口无破损,无碰伤。
(3)用内径千分尺测量轴承室无磨损、甩圈、轴承室尺寸合格。

8)清理检查水套壳体。
(1)拆卸永磁同步电机。
(2)用除锈清洗剂清洗,水套端面要求无灰尘、无杂物,止口无破损,无碰伤。
(3)用密封检测工装,检测壳体有无漏气现象。
(4)用水道检测工装,检测水道是否有堵塞、水道流量是否满足冷却要求。
(5)复测转子动平衡,超出规定数值后,需重新标定动平衡。

9)转子清理检查
(1)拆卸永磁同步电机。
(2)用永磁同步电机专用拆装机拆出转子。
(3)用胶带清理转子灰尘、杂物,用除锈剂清除转子锈迹。

(4)检测转子,要求铁芯外径无鼓起、无破损、无剐蹭。

(5)复测转子动平衡,超出规定数值后,需重新标定动平。

10)定子检测清理检查

(1)拆卸永磁同步电机。

(2)用吸尘器清理定子灰尘,用除锈剂清除定子铁芯的锈迹,要求定子表面无灰尘,定子内剐蹭、无杂物,定子线包无损伤,定子绝缘漆无脆裂等。

(3)用耐压绝缘表测试耐压、绝缘。

(4)用定子综合测试仪测试电性能。

(5)更换出线端子。

(6)温度传感器绝缘检测。

(7)重新更换三相出线和温度传感器出线的绝缘管、热缩管。

11)检测旋变定子

(1)拆卸永磁同步电机。

(2)用电阻计检测旋变定子电阻值。

(3)用耐压绝缘表测试耐压、绝缘。

(4)重新更换旋变信号线出线绝缘管、端子。

12)前后轴承更换

(1)拆卸永磁同步电机。

(2)用拉马拆除旧轴承,用专用压装工装,压轴承内圈,更换新轴承,轴承须装配到位。

(3)轴用轴承挡圈安装到位。

13)更换永磁同步电机

(1)操作启动开关使电源模式至 OFF 状态。

(2)断开动力蓄电池负极电缆。

(3)拆卸维修开关。

(4)更换永磁同步电机。

(5)确认电动座椅工作正常。

14)6S 管理

二、任务实施

(一)实施要求

该实训主要是学生通过实际维修案例,对吉利帝豪 EV300 永磁同步电机进行检修与拆装。该实训所涉及的知识和技能是新能源汽车从业人员应掌握的基本知识和技能,具体实训任务由指导教师根据实际情况安排。

(二)实施准备

(1)实训设备:吉利帝豪 EV300。

(2)场地准备:配备专用举升车位、高压绝缘防护工具。

(3)相关资料:2019款吉利帝豪EV300维修手册与电路图。

(4)工量具准备:专用诊断仪、绝缘电阻仪。

(5)辅助设备:专用拆装套装工具。

(三)实施步骤

(1)接受实训任务。

(2)完成实训准备工作。

(3)确认故障现象。

(4)读取故障码与数据流。

(5)设计故障诊断方案与流程图。

(6)故障排除与修复。

(7)验证故障是否消除。

(8)小组讨论。

(9)实训质量检查。

三、任务工单

根据布置的任务要求,确定所需要的实训场地、设备及工具,以小组讨论的方式制订详细的工作计划(操作流程或工序),以小组活动的形式实施计划(对小组成员进行合理分工),完成任务并记录。

任务实训工作记录单

任务名称					
组长姓名		班级		同组同学	
教师姓名		地点		日期	
实训目标					
设备工具					
组员分工					
实训过程内容与流程记录					
实训步骤					
实训任务回顾与总结					
任务收获与结果					
建议和改进措施					

课后习题

一、填空题

1. 驱动电机需要定期检查_____、_____。
2. 交流异步电机定子线圈电阻值随功率不同阻值_____。但是三相绕组的阻值必须_____。
3. 电动汽车交流异步电机故障一般可分为_____故障和_____故障两大类。
4. 驱动电机的噪声分为_____噪声、_____噪声、_____噪声。

二、选择题

1. 用万用表低阻挡分别测试定子各组线圈,两两之间应该(　　)。
   A. 全部导通　　　　　　　　B. 全部断开
   C. 有20Ω的电阻
2. 在测量交流异步电机的三相绕组通断时,选用万用表(　　)。
   A. 电压挡位　　　　　　　　B. 电流挡位
   C. 电阻挡位
3. 在测量交流异步电机的三相绕组绝缘电阻时,严格来说,应选用(　　)。
   A. 电流表　　　　　　　　　B. 兆欧表
   C. 万用表
4. 在拆卸接插件时,不能直接使劲拔,否则会拉松端子或引线,造成高速行驶时(　　)信号异常。
   A. A/B　　　　　　　　　　B. EBD
   C. ABS
5. 与驱动电机连接的减速器的机油首次保养最好(　　)km左右更换。
   A. 500　　　　　　　　　　B. 1500
   C. 3000

三、判断题

1. 驱动电机轴伸端轴承在半年补充油脂,一次20g。　　　　　　　　　　(　　)
2. 用数字万用表低阻挡分别测试定子各组绕组,电阻值大于0.5Ω。　　　(　　)
3. 检测交流异步电机绝缘电阻时要使用数字兆欧表。　　　　　　　　　(　　)
4. 在驱动电机运行时候,一般用耳听可以判定是轴承声音还是其他异常机械声音。
   　　　　　　　　　　　　　　　　　　　　　　　　　　　　　　　(　　)
5. 传感器是电动汽车电机的易损件,但不易出现故障。　　　　　　　　(　　)

四、简答题

1. 如何使用万用表检测交流异步电机的三相绕组?
2. 交流异步电机的机械故障有哪些,如何判定?
3. 交流异步电机的电气故障有哪些,如何判定?
4. 如何判定是交流异步电机温度过高,还是温度传感器故障?

新能源汽车驱动电机及控制技术

任务2　新能源汽车三相异步电机的拆装

 任务描述

假设你在新能源汽车修理店工作，今天接了一辆特斯拉 Model3 新能源汽车，经检查发现该车驱动电机性能异常。师傅要求你对该车驱动电机进行拆卸和分解，经查找资料确认该驱动电机为三相异步电机，你知道如何安全、规范地拆卸、分解此类驱动电机吗？

一、知识准备

三相异步电机也叫三相交流异步电机。交流电机可分为同步电机和异步电机两类，交流异步电机又称感应电机，是由气隙旋转磁场与转子绕组感应电流相互作用产生电子转矩，从而实现电能转换为机械能的一种交流电机。异步电机的种类很多，按转子结构不同可分为笼型异步电机和绕线型异步电机；按照定子绕组相数不同可分为单相异步电机、两相异步电机和三相异步电机。异步电机性能优越、结构简单、成本较低。目前在电动客车上已经得到广泛应用。如宇通纯电动客车 ZK6125EGAA、福田欧辉 BJ6123 串联混合动力电动客车使用的就是交流异步电机。本文主要介绍三相异步电机。

（一）异步电机的结构

异步电机主要定子和转子两大部分组成，定子和转子之间存在气隙，此外，还有前后端盖、轴承、速度传感器、温度传感器等部件。笼型异步电机的结构如图2-28所示，图2-29为特斯拉 MODEL S 异步电机的结构图；异步电机的外形如图2-30所示。

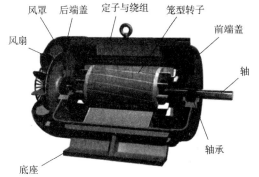

图2-28　笼型异步电机结构图

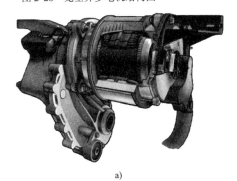
a)

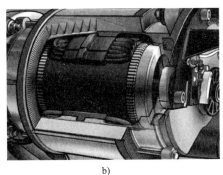
b)

图2-29　特斯拉 MODEL S 异步电机

项目二　新能源汽车驱动电机拆装与检修

a)　　　　　　　　　　　　　　　b)

图 2-30　异步电机外形图

1. 定子

异步电机定子由定子铁芯、定子绕组和外壳构成,其功能够是在定子绕组通入交流电,产生旋转磁场,如图 2-31 所示。

1)定子铁芯

(1)作用:电机磁路的一部分,并在其上放置定子绕组;

(2)构造:定子铁芯一般由 0.35~0.50mm 厚表面具有绝缘层的硅钢片冲制、叠压而成。在铁芯的内圆冲有均匀分布的槽,用以嵌放定子绕组,如图 2-32 所示。图 2-33 为特斯拉 MODEL S 异步电机定子铁芯。

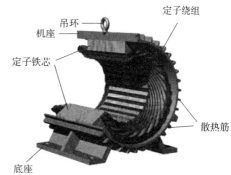

图 2-31　定子的结构图

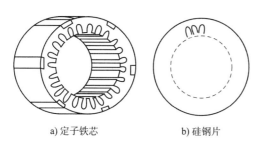

a)定子铁芯　　　b)硅钢片

图 2-32　定子铁芯

图 2-33　特斯拉 MoDEL S 异步电机定子铁芯

定子铁芯槽型有以下几种。

①半闭口型槽:电机的效率和功率因数较高,但绕组嵌线和绝缘都较困难,一般用于小型低压电机中。

②半开口型槽:可嵌放成型绕组,一般用于大型、中型低压电机,成型绕组指绕组可经过绝缘处理后放入槽内。

③开口型槽:用以嵌放成型绕组,绝缘方法方便,主要用在高压电机中。

2)定子绕组

(1)作用:电机的电路部分,通入三相交流电,产生旋转磁场。

49

(2)构造:由三个在空间互隔120°电角度、对称排列的结构完全相同的绕组连接而成,这些绕组的各个线圈按一定规律分别嵌放在定子各槽内,如图2-34所示;图2-35是特斯拉轿车的定子总成。

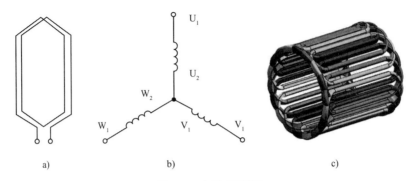

图2-34 定子三相绕组

图2-35 特斯拉电机的定子绕组

(3)定子绕组的主要绝缘项目(保证绕组的各导电部分与铁芯间的可靠绝缘,以及绕组本身间的可靠绝缘)。

①对地绝缘:定子绕组整体与定子铁芯间的绝缘。

②相间绝缘:各相定子绕组间的绝缘。

③匝间绝缘:每相定子绕组各线匝间的绝缘。

(4)电机接线盒内的接线:电机接线盒内都有一块接线板,三相绕组的六个线头排成上下两排,并规定上排三个接线桩自左至右排列的编号为1(U1)、2(V1)、3(W1)。下排三个接线桩自左至右排列的编号为6(W2)、4(U2)、5(V2),将三相绕组接成星形接法或三角形接法。制造和维修时均应按上述序号排列。

3)机座

(1)作用:固定定子铁芯与前后端盖以支撑转子,并起防护、散热等作用。

(2)构造:机座通常为铸铁件,大型异步电机机座一般用钢板焊成,微型电机的机座采用铸铝件,封闭式电机的机座外有散热筋以增加散热面积,防护式电机的机座两端端盖开有通风孔,使电机内外的空气可直接对流,以利于散热。

2. 转子

转子与轴连接,与定子耦合共同作用产生电磁转矩,异步电机的转子由转子铁芯、转子绕组和转轴组成。转子绕组是自成闭路的短路线圈,转子绕组不需外接电源供电,其电流由电磁感应作用产生的。

1)转子铁芯

(1)作用:作为电机磁路的一部分以及在铁芯槽内放置转子绕组。

(2)构造:所用材料与定子一样,转子铁芯由0.5mm厚的硅钢片冲制、叠压而成,其结构如图 2-36 所示，硅钢片外圆冲制有均匀分布的孔用来安置转子绕组，通常用定子铁芯冲落后的硅钢片内圆来冲制转子铁芯。一般小型异步电机的转子铁芯直接压装在转轴上，大、中型异步电机（转子直径在 300～400mm）的转子铁芯则借助转子支架压在转轴上。

2）转子绕组

（1）作用：切割定子旋转磁场产生感应电动势及电流，并形成电磁转矩使电机旋转。

（2）类型：分为笼型转子和绕线型转子。

① 笼型转子。

转子绕组由插入转子槽中的多根导条和两个环行

图 2-36　转子铁芯结构

的端环组成，若去掉转子铁芯，整个绕组的外形像一个鼠笼，故称笼型绕组。小型笼型电机采用铜条或铸铝转子绕组，如图 2-37 所示。

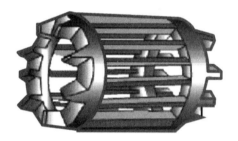

a）铜条转子　　　　　　　b）铸铝转子

图 2-37　笼型转子

对于 100kW 以上的电机采用铜条和铜端环焊接而成，如图 2-38 所示是特斯拉电机转子。

a）铜条连接前　　　　　　　b）铜条连接后

图 2-38　特斯拉 MODEL S 异步电机转子

笼型转子结构如图 2-39 所示。

② 绕线型转子。

转子绕组与定子绕组相似，也是一个对称的三相绕组，一般接成星形，转子绕组的三个出线头分别接到转轴的三个集流环上，再通过电刷与外电路连接。这样就可以把外接电阻串联到转子绕组回路里去，以改善电机的启动性，调节电机的转速，如图 2-40 所示。

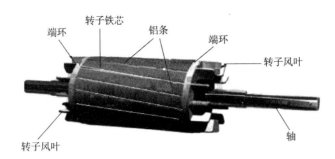

图 2-39 笼型转子结构图

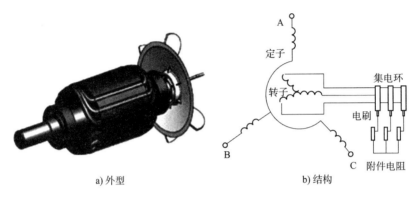

a) 外型　　　　　　　　　　b) 结构

图 2-40 绕线型转子

该转子结构较复杂,价格比笼型转子高,故该转子在电机上的应用不如笼型转子广泛,可通过集流环和电刷,在转子绕组回路中串入附加电阻等元件,以改善异步电机的启动性能、制动性能及调速性能。通常在要求启动电流小、启动转矩大或需平滑调速的场合使用该转子。

3) 转轴

转轴与减速器输入轴连接,输出动力,一般为花键结构,转轴固定和支撑转子铁芯,转轴一般由中碳钢制成。

4) 气隙

异步电机定子与转子间有一个小间隙,称为气隙。气隙的大小对异步电机的运行性能有很大影响。中小型异步电机的气隙一般为 0.2~2mm。功率越大、转速越高,则气隙尺寸越大。

5) 速度传感器

异步电机旋转时,输出脉冲信号,与控制器形成闭环控制,通过控制回路控制电机转速。传感器的工作电压范围应该为 5~20V,否则会击穿传感器的霍尔元件。所以电动汽车厂家在供电系统设计时需要注意传感器工作电压范围。同时供电电压稳定性成为避免传感器被击穿的关键。

6) 温度传感器

温度传感器的作用是实时监控电机内部温度。

3. 异步电机的其他附件

1) 端盖

端盖主要是用来支撑转子并对电机形成防护作用,达到相应的防护要求,实现与减速器连接。

2) 轴承

轴承起到连接转动部分与静止部分的作用。

3) 轴承端盖

轴承端盖主要用来保护轴承。

4) 风扇

风扇的作用是冷却电机。

4. 异步电机的安装位置

为了进一步将异步电机转矩放大,一般都将减速装置和电机配套使用以进一步放大异步电机转矩。传动比越大,放大的倍数越大,由此可减小异步电机体积,降低成本。现有的中低速电动汽车基本采用异步电机与减速装置配套使用的动力输出装置。

图 2-41 是特斯拉汽车异步电机的安装位置。

a) 总体布局图

b) 异步电机具体位置图

图 2-41 异步电机的安装位置

特斯拉汽车采用三相异步电机的转速为 12000～20000r/min,在减速器配合下,可轻易产生 930N·m 的转矩,异步电机加速快特征由其本身的物理特性决定。

(二) 异步电机的工作原理

异步电机的定子绕组嵌放在定子铁芯槽内,按一定规律连接成三相对称结构。三相绕组 AX、BY、CZ 在空间互成 120°,它既可以联接成星形,也可以联接成三角形,当三相绕组接至三相对称电源时,三相绕组中通入三相对称电流 i_A、i_B、i_C:

$$i_A = I_m \sin\omega t \tag{2-2}$$

$$i_B = I_m \sin(\omega t - 120°) \tag{2-3}$$

$$i_C = I_m \sin(\omega t + 120°) \tag{2-4}$$

电流 i 随 ωt 变化的关系如图 2-42 所示。

i_A、i_B、i_C 对应的是三相电 U、V、W。图 2-43 是单个线圈三相绕组建立的磁场。

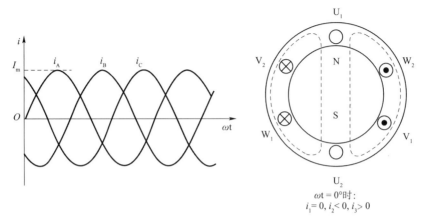

图 2-42　i 随 ωt 变化的关系图　　图 2-43　三相对称绕组建立的磁场

如图 2-44 所示，每相绕组由两个线圈串联组成，图 2-45 所示为三相绕组建立的磁场。

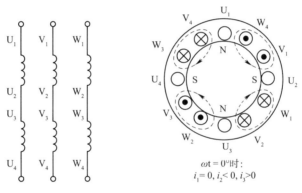

图 2-44　两个线圈串联　　图 2-45　磁场的建立

定子三相绕组通入三相交流电即可产生旋转磁场，当三相电流不断地随时间变化时，其所建立的合成磁场也不断地在空间旋转，旋转方向与通入绕组的电流相序一致，即旋转磁场的转向与三相电流的相序一致。如果将与三相电源相连接的电机中三根导线的任意两根对调，则定子电流的相序随之改变，旋转磁场的旋转方向也发生改变，电机反转。

(三) 三相异步电机实车装配与结构

1. 三相异步电机实车装配

特拉斯 Model 3 长续航后轮驱动版采用的是永磁同步电机与单级齿轮比变速器；特斯拉 Model 3 高性能全轮驱动版采用的是双电机，前置永磁同步电机，后置三相异步电机和单级齿轮比变速器。特斯拉 Model 3 三相异步电机如图 2-46 所示。

2. 异步电机特性

和同尺寸纯电动汽车相比，特拉斯 Model 3 是目前续航最长、加速度最快的产品。国产特斯拉续航达到了 460km，最高时速同为 225km/h，而在加速百公里加速时间上，两者也同为 5.6s。单电机最高马力为 275PS，双电机最高马力为 462PS。异步电机内部结构如图 2-47 所示。

项目二 新能源汽车驱动电机拆装与检修

图 2-46 特斯拉 Model 3 三相异步电机

图 2-47 异步电机内部结构图

(四)异步电机拆装步骤

1. 拆装注意事项

(1)遵照手册执行特斯拉 MODEL 3 四驱驱动电机与车辆分离操作的标准流程。

(2)按照标准流程对照工单完成驱动电机的拆装,并检测机械和电控部分。

2. 实施场地设备

(1)工位准备:工位场地准备参照本书永磁同步电机操作执行,对应车型维修手册。

(2)工具准备:专用电动汽车拆装工具柜,绝缘测试仪,钳形万用表,专用诊断仪器,跨线诊断盒,车内外防护三件套(工具准备参照本书永磁同步电机操作执行)。

(3)安全防护准备:个人安全防护用品(绝缘鞋,安全头盔,护目镜,绝缘手套,工装),地面铺设绝缘垫,绝缘指示牌(安全防护准备参照本书永磁同步电机操作执行)。

3. 拆装步骤

操作说明:目前特斯拉系列具备三相异步电机的以四驱车型为主,配置在特斯拉model S 或 X 级别车型中。

(1)拔掉散热管路,拆卸侧面的螺栓,拆卸电机固定座,如图 2-48 所示。

(2)拆卸侧面电机的高压线束固定卡扣,取下高压线束接头,如图 2-49 所示。

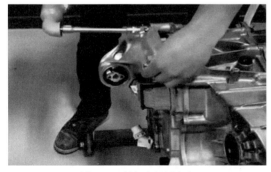

图 2-48 拆卸电机固定座

图 2-49 拆卸高压线束插头

(3)从另一侧拆卸高压线束插头和低压线束插头,如图 2-50、图 2-51 所示。

图 2-50　拆卸高压线束插头　　　　　　图 2-51　拆卸低压线束插头

（4）拆卸侧边冷却液连接管路，拆卸冷却液盖板螺栓，如图 2-52 拆卸。

（5）拆卸盖板后检测冷却液使用情况，如图 2-53 所示。

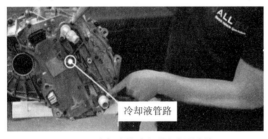

图 2-52　冷却液管路与盖板螺栓拆卸　　　图 2-53　拆卸冷却液盖板

（6）拆卸高压插头，从侧门拆卸橙色的三相交流高压密封塞，如图 2-54 所示。

（7）从电机后端拆卸 MCU 电机控制器盖板螺栓，取下电机控制器 MCU，如图 2-55、图 2-56 所示。

图 2-54　橙色的三相交流高压密封塞拆卸　　图 2-55　拆卸 MCU 电机控制器盖板

（8）从另一侧拆卸电机的速度传感器总成，并取下正面朝上摆放，如图 2-57 所示。

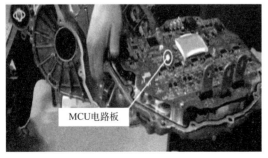
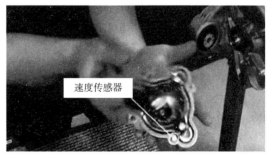

图 2-56　拆卸电机控制器 MCU 电路板　　　图 2-57　拆卸速度传感器总成

(9)拆卸电机组件后端盖总成,如图2-58所示。

(10)取下前段转子和定子总成,如图2-59所示,注意安全摆放。

图2-58 拆卸电机组件后端盖总成

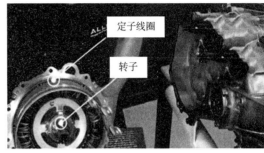

图2-59 拆卸转子和定子总成

(11)使用专用工具顶住电机底部,取下转子总成,如图2-60所示。

图2-60 拆卸转子总成

(12)拆卸电机的减速器总成,正立电机总成,拆卸固定螺栓,如图2-61所示。

(13)取下两个轴承盖,如图2-62所示。

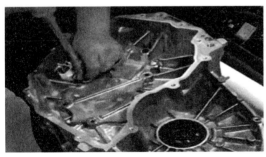

图2-61 拆卸电机的减速器总成

图2-62 拆卸轴承盖

(14)取下电机中间端盖总成,注意不要破坏密封表面,如图2-63所示。

(15)取下减速齿轮组总成,如图2-64所示。

(16)分部件摆放各系统总成,如图2-65所示。

(17)组装方式按照反向安装检验。

图2-63 拆卸电机端盖总成

图2-64 拆卸减速齿轮总成

图2-65 电机各系统总成

二、任务实施

(一)实施要求

该实训主要要求学生通过实际维修案例,对特拉斯Model 3高性能全轮驱动版驱动电机进行拆装与检修。该实训所涉及的知识和技能是新能源汽车从业人员应掌握的基本知识和技能,具体实训任务由指导教师根据实际情况安排。

(二)实施准备

(1)实训设备:特拉斯Model 3高性能全轮驱动版。
(2)场地准备:配备专用举升车位、高压绝缘防护工具。
(3)相关资料:特拉斯Model 3高性能全轮驱动版维修手册与电路图。
(4)工量具准备:专用诊断仪、绝缘电阻仪。
(5)辅助设备:专用拆装套装工具。

(三)实施步骤

(1)接受实训任务。
(2)完成实训准备工作。
(3)确认故障现象。

(4) 读取故障码与数据流。

(5) 设计故障诊断方案与流程图。

(6) 故障排除与修复。

(7) 验证故障是否消除。

(8) 小组讨论。

(9) 实训质量检查。

三、任务工单

根据布置的任务要求,确定所需要的实训场地、设备及工具,以小组讨论的方式制订详细的工作计划(操作流程或工序),以小组活动的形式实施计划(对小组成员进行合理分工),完成任务并记录。

任务实训工作记录单

任务名称					
组长姓名		班级		同组同学	
教师姓名		地点		日期	
实训目标					
设备工具					
组员分工					
实训过程内容与流程记录					
实训步骤					
实训任务回顾与总结					
任务收获与结果					
建议和改进措施					

◆ 课后习题

一、填空题

1. 交流电机可分为_____和_____两类。

2. 按转子结构来分,异步电机分为_____型异步电机和_____型异步电机。

3. 异步电机定子部分由_____、_____、_____构成。

4. 定子铁芯槽型有_____、_____、_____三种。

5. 交流异步电机的转子由_____、_____、_____组成。

6. 转子绕组的作用是切割产生_____并形成_____而使电机_____。

7. 根据楞次定律,感应电流的_____总要反抗引起感应电流的原因。
8. 异步电机的机械特性分为_____和_____。
9. 在异步电机的机械特性图中的两个工作区是_____运行区和_____运行区。

二、选择题
1. 定子铁芯由厚度为(　　)的硅钢片冲制、叠压而成。
    A. 0.1~0.15mm   B. 0.2~0.3mm   C. 0.35~0.5mm
2. 定子绕组在空间互隔(　　)电角度。
    A. 90°   B. 120°   C. 180°
3. 转子铁芯用的硅钢片的厚度为(　　)。
    A. 0.5mm   B. 1mm   C. 1.5mm
4. 中小型异步电机的气隙一般为(　　)。
    A. 0.1~0.2mm   B. 0.2~2mm   C. 2~5mm
5. 异步电机的转差率不仅与转速有关,还与(　　)有关。
    A. 电压   B. 电流   C. 功率
6. 转子的转速总要比定子电磁场的转速大约慢(　　)。
    A. 1%~2%   B. 2%~5%   C. 5%~10%
7. 在三相交流异步电机的机械特性图中,存在(　　)工作区。
    A. 一个   B. 两个   C. 多个
8. 在三相交流异步电机处于电动状态时,供电系统向三相交流异步电机供给(　　)。
    A. 电能   B. 机械能   C. 电能和机械能
9. 三相交流异步电机有(　　)制动运转状态。
    A. 一种   B. 两种   C. 三种

三、判断题
1. 异步电机是各类电机中应用最广、需求量最大的一种。　　　　　　　　　(　　)
2. 旋转磁场的旋转方向与三相电流的相序一致。　　　　　　　　　　　　　(　　)
3. 在交流异步电机中只有一个电磁场。　　　　　　　　　　　　　　　　　(　　)
4. 小型笼型电机采用铸铝转子绕组,100kW以上的电机其由铜条和铜端环焊接而成。
　　　　　　　　　　　　　　　　　　　　　　　　　　　　　　　　　　(　　)
5. 功率越大、转速越高,则气隙尺寸越小。　　　　　　　　　　　　　　　(　　)
6. 交流异步电机旋转方向取决于三相电流的大小。　　　　　　　　　　　　(　　)
7. 由于电源频率不变,所以同步转速点不变。　　　　　　　　　　　　　　(　　)
8. 交流异步电机换向器和电刷不需要定期维护和更换。　　　　　　　　　　(　　)
9. 电机工作在不稳定区时,其电磁转矩不能自动适应负载转矩的变化。　　　(　　)

四、简答题
1. 简述异步电机的工作原理。
2. 简述异步电机的工作特性。

项目二 新能源汽车驱动电机拆装与检修

任务3 新能源汽车其他类型驱动电机拆装与检修

📝 任务描述

假设你在新能源汽车修理店工作,今天一辆北京现代索纳塔第九代混合动力电动汽车到店检修,经检查发现该车驱动电机性能异常。师傅要求你对该车驱动电机进行拆装和检修,你知道如何安全、规范地拆装、检修该混合动力电动汽车的驱动电机吗?

一、知识准备

(一)索纳塔第九代混合动力电动汽车驱动电机简介

索纳塔第九代混合动力电动汽车电机系统配置两个电机。包括提供主动力的驱动电机,以及相当于传统车辆中的起动机和发电机的起动发电机(HSG)。驱动电机运转驱动车辆,以此降低行驶期间的噪声、振动和粗糙(NVH),提高燃油效率。

车辆行驶时,驱动电机补充发动机的动力,以增加动力输出,并使发动机在省油模式下运行。此外,在减速和制动期间,驱动电机转换为发电机的功能,向高电压蓄电池充电。在车辆行驶状态,该车上电原理图如图2-66所示。

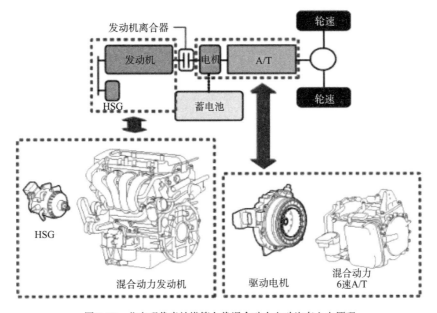

图2-66 北京现代索纳塔第九代混合动力电动汽车上电原理

(二)索纳塔第九代混合动力电动汽车驱动电机结构组成

1. 驱动电机在实车装配位置

驱动电机在实车装配位置如图 2-67 所示。

2. 驱动电机组成结构

驱动电机零部件及总成零部件如图 2-68 所示。

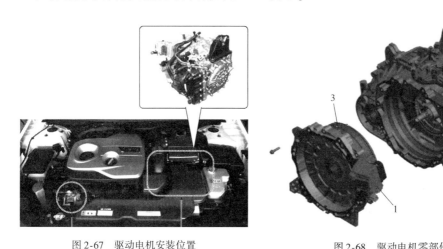

图 2-67 驱动电机安装位置

图 2-68 驱动电机零部件图
1-驱动电机总成;2-自动变速器总成;3-O 型环

驱动电机总成零部件图如图 2-69 所示。

图 2-69 驱动电机总成零部件图
1-卡环;2-发动机离合器总成;3-推力轴承&挡圈组;4-转子衬套;5-推力垫圈;6-电机总成

(三)索纳塔第九代混合动力电动汽车驱动电机工作原理

其驱动电机是内嵌永久磁铁型小型/高效通用工业电机,即一种最佳化的永磁同步电机,驱动电机具有高转矩驱动和大范围速度调整的特点。永磁同步电机内嵌永久磁铁,以适用高功率和高转矩输出。在混合动力电动汽车中广泛应用于此类电机。

该驱动电机的工作原理为：在转子中内置的内部磁铁和定子中电磁铁的相互作用而产生转矩，当逆变器（MCU、电机控制器总成）三相交流电流在定子线圈上的绕组线圈内流动时，将形成旋转的磁场。因转子中内置的磁铁间相互作用，电池感应产生旋转的转矩。此动力旋转电机，旋转磁场的速度应用于定子，且与实际旋转速度同步。图2-70所示为电机工作原理图。

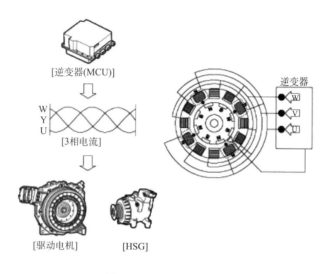

图2-70　电机工作原理图

（四）索纳塔第九代混合动力电动汽车拆装注意事项与高压断电流程

1. 注意事项

（1）维修高压系统前做好安全预防措施，因混合动力电动汽车配置高压蓄电池，如果处理高电压系统或车辆不当，可能导致漏电并触电的严重伤害。

（2）在检查或维修高压系统前，拆装安全插头，保证切断高压系统。

（3）确保完全拆卸安全插头，以防误操作连接安全插头。

（4）操作高压系统时，不要佩戴任何金属物件（如手表、指环等），避免发生触电等严重伤害。

（5）操作高压系统前，操作人员应佩戴个人防护设备，避免发生安全事故。

（6）禁止未佩戴个人防护设备的人员执行高系统作业，应使用绝缘片覆盖高压部件，防止发生意外。

（7）使用绝缘工具操作高压系统。

（8）将拆卸下来的高压部件放置在绝缘垫上。

2. 高压断电流程

（1）将点火开关转至OFF，分离辅助蓄电池12V负极导线，如图2-71所示。

（2）拆卸行李舱盖板。

（3）拆卸行李舱侧面构架（右）。

(4) 拧下固定螺栓,并拆卸安全插头盖(A)。
(5) 朝箭头方向释放挂钩(A)。
(6) 朝箭头方向松开操纵杆(A)。
(7) 按照箭头方向拆装安全插头(A)。
(8) 等待5min以上,以便高压系统内的电容器完全放电。

安全插头盖固定螺栓:
7.8~11.8N·m(0.8~1.2kgf·m,5.8~8.7lb·ft)

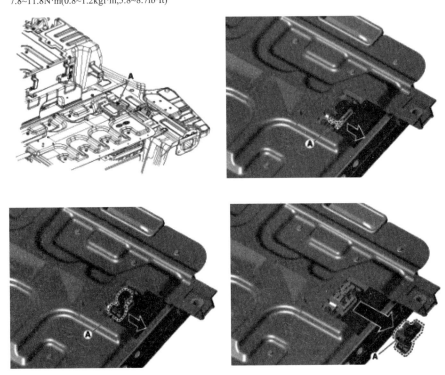

图2-71 北京现代动力索纳塔第九代混合动力电动汽车驱高压切断步骤

(9) 测量逆变器端子之间的电压,检查逆变器内电容器是否完全放电,如图2-72所示。
① 拆卸空气滤清器总成和空气管路。

图2-72 测量逆变器电压

② 分离逆变器电源线束(A)。
③ 测量逆变器(+)端子与逆变器(-)端子之间的电压,如图2-73所示,小于30V:高电压电路正确切断;大于30V:高电压电路故障。

注意:如果测量的电压大于30V,则说明高压存在故障,确认完成拆卸安全插头。如果测量的电压仍大于30V,则说明问题出在高压电路上;此时,禁止在高压电路上执行任何操作;重新连接安全插头和辅助蓄电池负极端子导线;把点火开关置于ON位置和不在准备就绪状态;执行所有系统检查(故障代码搜索)和记录任何当前或历史/未决的故障代码。

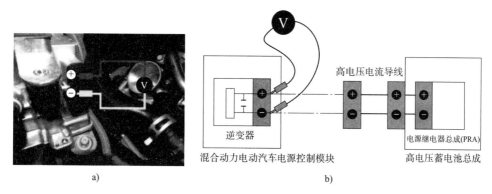

图 2-73 逆变器电压测量

(10)按照以下顺序进行分离逆变器线束,如图 2-74 所示。

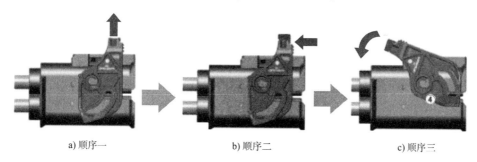

图 2-74 逆变器线束分离

(五)索纳塔第九代混合动力电动汽车的拆装与检修

1. 工具准备

索纳塔第九代混合动力电动汽车的驱动电机专用工具清单准备见表 2-5。

专用工具清单　　　　　　　　　　　　　表 2-5

工具名称/编号	图示	说明
驱动电机拆装/ 安装工具 09450-3D200		用于拆卸和安装驱动电机
混合动力驱动电机拆卸/ 安装工具 09365-3D630		用于拆卸和安装驱动电机

续上表

工具名称/编号	图示	说明
转子转动工具 09365-3D400		安装驱动电机时,转动转子
油封安装工具 09365-3D500		用于安装驱动电机油封
手柄 09231-H1100	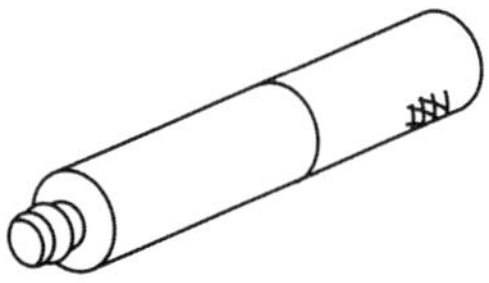	安装驱动电机油封时,与油封安装器配合使用
空气压力调节器 09580-3D100	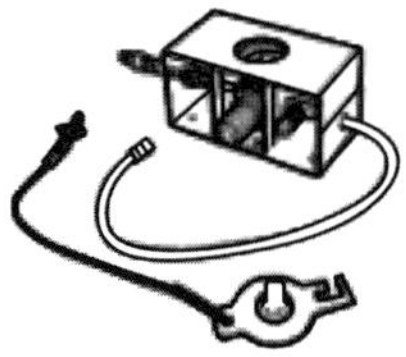	用于驱动电机 ATF 泄漏测试; 用于测量发动机离合器的轴向间隙
轴向间隙测量夹具 09365-3D900		用于测量轴向间隙
轴承安装工具 09365-3D100		用于安装发动机离合器滚珠轴承

续上表

工具名称/编号	图示	说明
轴向间隙测量夹具 09365-3D700		用于测量发动机离合器的轴向间隙;轴向间隙测量夹具
适配器 09365-3D800		用于测量发动机离合器的轴向间隙;用于驱动电机ATF泄漏测试
卡环拆卸、安装工具		拆卸和安装离合器卡环、弹簧压缩器

2.拆卸步骤

(1)拆卸自动变速器。

(2)拧下驱动电机总成7个固定螺栓,如图2-75所示。

(3)在驱动电机总成上安装驱动电机专用拆装工具(09365-3D630)并拧紧螺栓A,如图2-76所示。

图2-75 驱动电机总成固定螺栓

图2-76 安装驱动电机专用拆装工具

(4) 安装驱动电机装配导杆(09450-3D200),如图 2-77 所示。

(5) 拧紧驱动电机拆卸/安装工具(09365-3D630)的螺栓,并从自动变速器上拆卸驱动电机总成,如图 2-78 所示。

图 2-77　安装驱动电机装配导杆　　　　图 2-78　拆卸驱动电机总成

(6) 降下发动机千斤顶从自动变速器 B 上拆卸驱动电机总成 A,如图 2-79 所示。

(7) 从自动变速器上拆卸驱动电机装配导杆(09450-3D200),如图 2-80 所示。

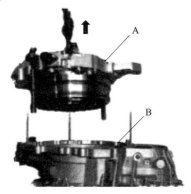 

图 2-79　拆卸驱动电机总成　　　　图 2-80　拆卸驱动电机装配导杆

(8) 从自动变速器上拆卸垫圈 A,如图 2-81 所示。

(9) 使用刮刀清除自动变速器的驱动电机壳残留的密封胶,如图 2-82 所示。

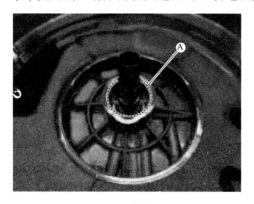 

图 2-81　拆卸垫圈 A　　　　图 2-82　清理电机残留的密封胶

(10) 从电机总成上拆卸电机/安装工具(09365-3D630)。

(11) 从驱动电机上拆卸发动机离合器固定卡环 A，如图 2-83 所示。

(12) 拆卸发动机离合器总成 A，如图 2-84 所示。

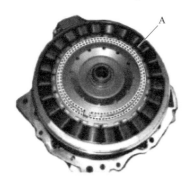

图 2-83　拆卸发动机离合器固定卡环　　图 2-84　拆卸发动机离合器总成

(13) 拆卸发动机离合器毂 A 和推力轴承 B，如图 2-85 所示。

(14) 拆卸推力轴承 A 如图 2-86 所示。

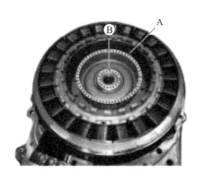 

图 2-85　拆卸发动机离合器毂和推力轴承　　图 2-86　拆卸推力轴承

(15) 拆卸卡环 A，如图 2-87 所示。

(16) 按顺序拆卸发动机离合器盘，如图 2-88 所示。

图 2-87　拆卸卡环　　　　　　图 2-88　拆卸发动机离合器盘

(17) 利用弹簧压缩器(09365-3D200)和卡环拆卸、安装工具(09453-2F400，09453-

3A110,09461-26100)的螺栓、螺母 B 拆卸卡环 A,如图 2-89 所示。

(18)拆卸发动机离合器平衡活塞 A,如图 2-90 所示。

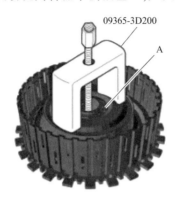 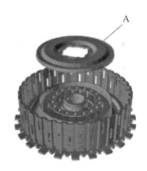

图 2-89　拆卸卡环　　　　　图 2-90　发动机离合器平衡活塞

(19)拆卸发动机离合器复位弹簧 A,如图 2-91 所示。

(20)拆卸发动机离合器活塞 A,如图 2-92 所示。

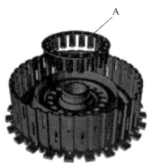 

图 2-91　发动机离合器复位弹簧拆卸　　图 2-92　拆卸发动机离合器活塞

(21)拆卸 D-型环 A,如图 2-93 所示。

(22)使用螺丝刀拆卸球轴承 A,如图 2-94 所示。

 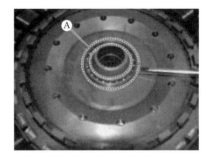

图 2-93　拆卸 D-型环　　　　　图 2-94　拆卸球轴承

3. 安装步骤

(1)在发动机离合器的球轴承安装部位 A 上涂抹润滑脂,如图 2-95 所示。

(2)利用专用工具(09365-3D100)安装球轴承 A,图 2-96 所示。

图 2-95　涂抹润滑脂　　　　　　图 2-96　安装球轴承

（3）安装 D-型环 A，如图 2-97 所示。

（4）安装发动机离合器活塞 A，如图 2-98 所示。

图 2-97　安装 D-型环　　　　　图 2-98　安装发动机离合器活塞

（5）安装发动机离合器复位弹簧 A，如图 2-99 所示。

（6）安装发动机离合器复位弹簧 A，如图 2-100 所示。

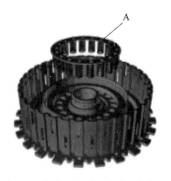

图 2-99　安装发动机离合器复位弹簧　　图 2-100　安装发动机离合器复位弹簧

（7）使用弹簧压缩器（09365-3D200）和卡环拆卸、安装工具（09453-2F400，09453-3A110，09461-26100）的螺栓、螺母安装卡环 A，如图 2-101 所示。

（8）按照顺序安装发动机离合器盘，如图 2-102 所示。

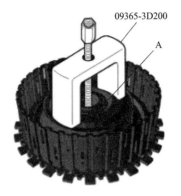

图2-101 安装卡环

图2-102 安装发动机离合器盘

图2-103 安装卡环

(9) 安装厚度为1.6mm的最小厚度的卡环A,如图2-103所示。

(10) 在发动机离合器轴向间隙测量夹具(09365-3D700)C上安装在适配器(09365-3D800)。

(11) 在适配器(09365-3D800)上安装压力表(09580-3D100),并连接空气软管。

(12) 在发动机离合器轴向间隙测量夹具(09365-3D700)A上安装在发动机离合器。

(13) 在发动机离合器上放置5kg配重(09365-3D700)B,并安装千分表D,如图2-104所示。

(14) 设置千分表在5kg配重(09365-3D700)的表面为零点。

(15) 应用5kg配重和3.5kg/cm² 气压,测量发动机离合器的反作用力板与卡环之间的间隙(标准值:1.15~1.45mm),如图2-105所示。

图2-104 安装千分表

图2-105 测量发动机离合器间隙

(16) 如果间隙超过标准值,从表2-6中选择合适的卡环。

离合器间隙标准值(单位:mm)　　　　　表2-6

测量值 – 标准值(1.3mm)	配件号	厚度
0~0.1	45452-3B016	1.6
0.1~0.3	45452-3B018	1.8
0.3~0.5	45452-3B020	2.0
0.5~0.7	45452-3B022	2.2
0.7~0.9	45452-3B024	2.4
0.9~1.1	45452-3B026	2.6
1.1~1.3	45452-3B028	2.8

卡环选择 = 测量值 – 标准值 + 最小厚度卡环(1.6mm)

(17) 安装选择的卡环 A, 如图2-106所示。

(18) 在推力轴承 A 上涂抹润滑脂并安装, 如图2-107所示。

图2-106　安装卡环

图2-107　安装推力轴承

(19) 安装发动机离合器毂 A。在推力轴承(B)上涂抹润滑脂并安装, 如图2-108所示。

(20) 安装发动机离合器总成 A, 如图2-109所示。

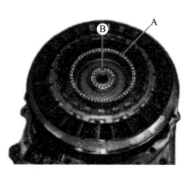
图2-108　安装发动机离合器毂

图2-109　安装发动机离合器总成

(21)安装发动机离合器固定卡环 A,如图 2-110 所示。

(22)在驱动电机总成上安装驱动电机拆卸/安装工具(09365-3D630),如图 2-111 所示。

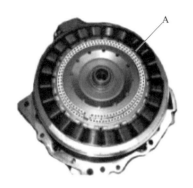

图 2-110 安装发动机离合器起固定卡环　　图 2-111 安装驱动电机拆卸/安装工具

(23)选择适当厚度的垫片,如图 2-112 所示。标准轴向间隙:0.05~0.2mm。

图 2-112 选择垫片

(24)安装垫片,如图 2-113 所示。

(25)在自动变速器驱动电机壳的内表面上涂抹润滑脂 A。标准润滑脂:CASMOLY L9508,KLUBER 9R100 或等效品。

(26)在自动变速器上安装电机拆卸/装配导杆(09450-3D200),如图 2-114 所示。

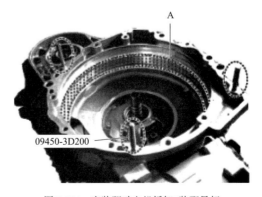

图 2-113 安装垫片　　图 2-114 安装驱动电机拆卸/装配导杆

(27) 在驱动电机壳固定螺栓孔的内侧涂抹密封胶,如图 2-115 所示。

(28) 使用发动机千斤顶将驱动电机总成安装到自动变速器上,如图 2-116 所示。

(29) 从驱动电机总成上拆卸驱动电机拆卸工具(09365-3D630),如图 2-117 所示。

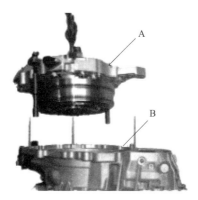

图 2-115　涂抹密封剂　　　　图 2-116　安装驱动电机总成

(30) 将转子转动工具(09365-3D400)安装在花键上,并使用扳手转动到发出一声"咔哒"声,将其固定在发动机离合器花键上。

(31) 拆卸驱动电机安装导杆(09450-3D200),如图 2-118 所示。

图 2-117　拆卸驱动电机拆卸工具　　　图 2-118　拆卸驱动电机安装导杆

(32) 拧紧驱动电机总成固定螺栓(7 个),如图 2-119 所示。拧紧力矩:2.0～2.6kgf.m。

(33) 安装轴向间隙测量夹具(09365-3D900),如图 2-120 所示。

图 2-119　拆卸驱动电机总成固定螺栓　　　图 2-120　安装轴向间隙测量夹具

(34)在轴向间隙测量夹具(09365-3D900)上安装千分表,并在花键轴 A 上设置零点。

(35)向上提起驱动电机总成花键轴,测量轴向间隙,如图 2-121 所示。

(36)如果轴向间隙测量值超过标准范围,拆卸驱动电机总成,更换适当的调整垫片。

①执行驱动电机总成泄漏测试。

②进行绝缘测试和电阻测试。

③如果轴向间隙在标准范围内,使用油封安装工具(09365-3D500)安装驱动电机油封 A,如图 2-122 所示。

图 2-121 测量轴向间隙

图 2-122 安装驱动电机油封

④安装自动变速器。

⑤添加自动变速器油(ATF),并检查油量。

⑥填充驱动电机冷却液,并使用 GDS 诊断仪进行放气操作。

⑦利用 GDS 诊断仪执行驱动电机位置传感器校准程序。

⑧利用 GDS 诊断仪执行发动机离合器油压传感器校准程序。

⑨利用 GDS 诊断仪执行电动油泵(EOP)流速偏差学习程序。

⑩执行 TCM 学习程序。

a. 条件: - ATF 油温:40~95℃。

b. 学习方法:行驶学习——变速杆在 D 挡,保持节气门有一定的开度,并逐渐从 1 挡加速到 6 挡(加速踏板位置传感器(APS):10%~50%,APS 变化量在 5% 以下)。然后逐渐从 6 挡减速到 1 挡制动(节气门关闭)。重复以上程序 4 次。

4. 检修步骤

(1)使用兆欧表检查旋变传感器电路之间的电阻(表 2-7、图 2-123)。

使用兆欧表检测电路之间的电阻　　　　　　　　　　　　　　表 2-7

项目	检查部位	检查标准值	备注
电阻 (电路之间)	U-V	40.7MΩ±5%	在室温(20℃)条件下
	U-W		
	V-W		

项目二 新能源汽车驱动电机拆装与检修

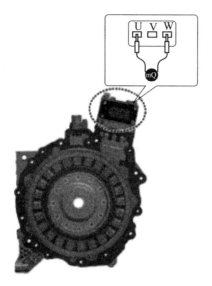

图 2-123 检查旋变传感器电阻

(2)检查温度传感器电阻(表2-8、图2-124)。

温度传感器线路电阻标准值　　　　表 2-8

项目	检查部位	检查标准值	备注
电阻 (电路之间)	4号－8号端子	8kΩ(30℃条件下)～ 20kΩ(10℃条件下)	在室温(10～30℃)条件下

图 2-124 检查温度传感器电阻

77

(3) 检查驱动电机位置传感器电阻 (表2-9、图2-125)。

驱动电机位置传感器线路电阻标准值　　　　　表2-9

项目	检查部位	检查标准值	备注
电阻 （电路之间）	1 – 5 号端子	11.7Ω ± 10% (10.5 ~ 12.9Ω)	在室温(20℃)条件下
	2 – 6 号端子	32Ω ± 10% (28.8 ~ 35.2Ω)	
	3 – 7 号端子	27Ω ± 10% (24.3 ~ 29.7Ω)	

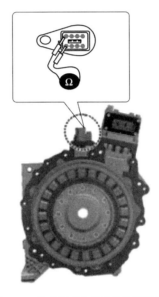

图 2-125　检查驱动电机位置传感器电阻

(4) 执行绝缘测试 (表2-10、图2-126 ~ 图2-128)。

标准绝缘值　　　　　表2-10

项目		检查部位	检查标准值	备注
绝缘 （外壳与盖）	W-U-V	搭铁-W	10MΩ 以上	直流 540V, 1min
		搭铁-U		
		搭铁-V	2.5mA 以下	交流 1600V, 1min
	位置 （电机位置传感器）	搭铁 1	10MΩ 以上	直流 500V, 1min
		搭铁 2		
		搭铁 3		
	温度传感器	搭铁 4	10MΩ 以上	

5. 驱动电机 ATF 泄漏测试 (驱动电机冷却管路)

(1) 拧下固定螺栓 A\B, 并拆卸变速器油冷却管路, 如图2-129 所示。

项目 二　新能源汽车驱动电机拆装与检修

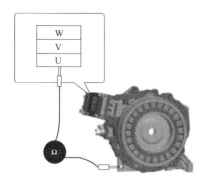

图 2-126　W-U-V 电缆绝缘测试

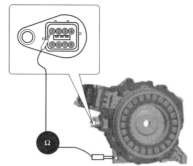

图 2-127　驱动电机位置传感器绝缘测试

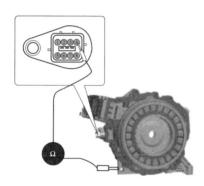

图 2-128　温度传感器绝缘测试

图 2-129　拆卸变速器油冷却管路

（2）配备垫圈安装自动变速器油，如图 2-130 所示。

（3）安装空气压力调节器，如图 2-131 所示。

图 2-130　安装自动变速器油

图 2-131　安装空气压力调节器

（4）打开空气切断阀 A，转动压力调节器 B 旋钮，将空气压力设置为 0.2MPa，如图 2-132 所示。

（5）闭空气切断阀，图 2-133 所示为空气压力检查，检查空气压力是否在 0.2MPa 时持续 5s 以上。

（6）安装机油冷却器管，图 2-134 为发动机螺栓安装位置，并拧紧固定螺栓（A、B）。规定力矩：A 为 41.2 ~ 47.1N·m、B 为 9.8 ~ 11.8N·m。

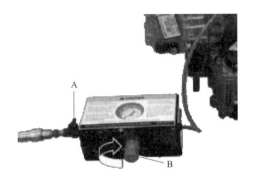

图2-132 设置空气压力

图2-133 检查空气压力

图2-134 发动机螺栓安装位置

二、任务实施

(一) 实施要求

该实训主要是学生通过实际维修案例,对索纳塔第九代混合动力电动汽车驱动电机进行拆装与检修。该实训所涉及的知识和技能是新能源汽车从业人员应掌握的基本知识和技能,具体实训任务由指导教师根据实际情况安排。

(二) 实施准备

(1) 实训设备:索纳塔第九代混合动力电动汽车。
(2) 场地准备:专用举升车位、高压绝缘防护工具。
(3) 相关资料:索纳塔第九代混合动力电动汽车维修手册与电路图。
(4) 工量具准备:专用诊断仪、绝缘电阻仪。
(5) 辅助设备:专用拆装套装工具。

(三)实施步骤

(1)接受实训任务。
(2)完成实训准备工作。
(3)确认故障现象。
(4)读取故障码与数据流。
(5)设计故障诊断方案与流程图。
(6)故障排除与修复。
(7)验证故障是否消除。
(8)小组讨论。
(9)实训质量检查。

三、任务工单

根据布置的任务要求,确定所需要的实训场地、设备及工具,以小组讨论的方式制订详细的工作计划(操作流程或工序),以小组活动的形式实施计划(对小组成员进行合理分工),完成任务并记录。

任务实训工作记录单

任务名称					
组长姓名		班级		同组同学	
教师姓名		地点		日期	
实训目标					
设备工具					
组员分工					
实训过程内容与流程记录					
实训步骤					
实训任务回顾与总结					
任务收获与结果					
建议和改进措施					

课后习题

一、判断题

1. 车辆行驶时,驱动电机补充发动机的动力,以增加动力输出,并使发动机在省油模式下运行。（　　）
2. 混合动力汽车索纳塔九驱动电机采用的是内嵌永久磁铁(IPM)型小型/高效通用工业电机。（　　）
3. 操作高压系统时,可以佩戴任何金属物件(手表,戒指等)。（　　）
4. 在检查或维修高压系统前,需拆装安全插头,保证切断高压系统。（　　）

二、选择题

1. 驱动电机外壳与盖的绝缘标准值为(　　)。
   A. 3MΩ 以上　　B. 6MΩ 以上　　C. 8MΩ 以上　　D. 10MΩ 以上
2. 应用5kg配重和3.5kg/cm² 气压,测量发动机离合器的反作用力板与卡环之间的间隙,其标准值为(　　)。
   A. 1.15～1.45mm　　　　　　B. 1.55～1.745mm
   C. 1.75～1.95mm　　　　　　D. 2.15～2.45mm
3. 拧紧驱动电机总成固定螺栓(7个),拧紧力矩为(　　)。
   A. 8.0～8.6kgf·m　　　　　　B. 6.0～6.6kgf·m
   C. 4.0～4.6kgf·m　　　　　　D. 2.0～2.6kgf·m

三、简答题

1. 请简述混合动力汽车索纳塔九(HEV)驱动电机工作原理。
2. 请简述混合动力汽车索纳塔九(HEV)驱动电机拆装注意事项。

项目三
新能源汽车驱动系统拆装与检修

知识目标

(1) 熟悉新能源汽车驱动电机典型传感器的类型及特点。
(2) 熟悉新能源汽车驱动电机典型传感器的工作原理。
(3) 熟悉新能源汽车驱动电机控制器的结构与作用。
(4) 熟悉新能源汽车驱动电机控制器的工作原理。

技能目标

(1) 能检修新能源汽车驱动电机典型传感器故障。
(2) 能检修新能源汽车驱动电机控制器常见故障。
(3) 具备查询相关技术资料能力。

素养目标

(1) 能够制订工作计划,独立完成工作学习任务。
(2) 具备团队合作和安全操作意识。
(3) 养成服从管理,规范作业的良好工作习惯。

 任务 1　新能源汽车驱动电机传感器认知与检修

任务描述

作为从事新能源汽车行业的专业人员,你知道新能源汽车驱动电机传感器的类型与检修方法吗?

一、知识准备

(一) 新能源汽车驱动电机传感器认知

当前大多数的新能源汽车采用的是永磁同步电机矢量控制,驱动电机控制器需要实时获取驱动电机的速度、位置和温度等信息。这些信息绝大部分通过传感器检测并反馈,它们各司其职,一旦某个传感器失灵,对应的装置工作就会不正常工作甚至不工作。因此,传感器是汽车上的重要部件,对于优化算法和提高控制性能具有重要意义。

1. 新能源汽车电机传感器的类型

目前用于新能源汽车驱动电机角位移、驱动电机振动、驱动电机转速、驱动电机转矩、驱动电机关键点的位置及位移检测的传感器主要有角速度传感器、加速度传感器、转速传感器、温度传感器、转矩传感器、电涡流传感器六种。

1) 角速度传感器

角速度传感器根据工作原理的不同可以分为以下几类。

(1) 陀螺仪型角速度传感器。

陀螺仪型角速度传感器(图3-1)通过检测机械结构上的振荡来测量旋转运动。其工作原理是基于旋转惯性力学,通过检测惯性振荡来测量物体的旋转角速度,由一个惯性转子(一般为陀螺仪)和检测元件(如振动计、振弦等)组成。

(2) 霍尔型角速度传感器。

霍尔型角速度传感器(图3-2)利用霍尔效应,即在磁场的作用下,通过外加电流使所测量杆心部分产生横向的霍尔电势,并把这个信号进行放大、处理后得到一个直流电压信号与角速度成正比关系,以推算角速度。

图3-1 陀螺仪型角速度传感器

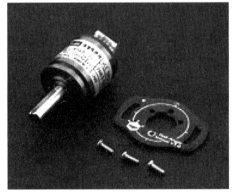

图3-2 霍尔型角速度传感器

(3) 电容型角速度传感器。

电容型角速度传感器(图3-3)利用相对运动所引起的电容变化,测量物体转动速度,其工作原理为:电容型角速度传感器在机构上设一腔气体,当另一壁膜振动时,在两壁面之间形成半径大小随时间变化的圆柱形腔,使电容式传感器或 AD 转换器中放置的传感器板间距随之变化。

(4)压电型角速度传感器。

压电型角速度传感器(图 3-4)基于物体转动时产生的压电效应,通过将物体转动造成的轴向和径向压电信号进行计算得到旋转角速度。

图 3-3　电容型角速度传感器

图 3-4　压电型角速度传感器

2)加速度传感器

加速度传感器根据工作原理的不同可以分为以下几种。

(1)压电式加速度传感器。

压电式加速度传感器(图 3-5)属于惯性式传感器。压电式加速度传感器利用压电陶瓷或石英晶体的压电效应,受振时,质量块加在压电元件上的力也随之变化。当被测振动频率远低于加速度传感器的固有频率时,力的变化与被测加速度成正比。

(2)压阻式加速度传感器。

基于世界领先的微机电系统硅微加工技术,压阻式加速度传感器(图 3-6)具有体积小、功耗低等特点,易于集成在各种模拟和数字电路中,广泛应用于汽车碰撞实验、测试仪器、设备振动监测等领域。

图 3-5　压电式加速度传感器

图 3-6　压阻式加速度传感器

(3)电容式加速度传感器。

电容式加速度传感器(图3-7)是基于电容原理的极距变化型的电容传感器。电容式加速度传感器是较通用的加速度传感器,在某些领域起无可替代的作用,如安全气囊、手机移动设备等。电容式加速度传感器采用了微机电系统工艺,大批量生产时较经济,从而保证了较低的成本。

(4)伺服式加速度传感器。

伺服式加速度传感器(图3-8)是一种闭环测试系统,具有动态性能好、动态范围大和线性度好等特点。

图3-7 电容式加速度传感器　　　图3-8 伺服式加速度传感器

伺服式加速度传感器的工作原理为:传感器的振动系统由"m-k"系统组成,与一般加速度传感器相同,但质量 m 上还接着一个电磁线圈,当基座上有加速度输入时,质量块偏离平衡位置,该位移大小由位移传感器检测,经伺服放大器放大后转换为电流输出,该电流流过电磁线圈,在永久磁铁的磁场中产生电磁恢复力,力图使质量块保持在仪表壳体中原来的平衡位置上,所以伺服加速度传感器在闭环状态下工作。

由于有反馈作用,伺服加速度传感器抗干扰能力得到增强,并提高其测量精度,扩大其测量范围,伺服加速度测量技术广泛地应用于惯性导航和惯性制导系统中,在高精度的振动测量和标定中也有应用。

3)转速传感器

(1)光电转速传感器。

光电式转速传感器(图3-9)主要是通过将光线的发射与被测物体的转动相关联,再以光敏元件对光线的感应来实现对转速的测量。从工作方式角度划分,光电式转速传感器分为透射式光电转速传感器和反射式光电转速传感器两种。

投射式光电转速传感器设有读数盘和测量盘,两者之间存在间隔相同的缝隙。投射式光电转速传感器在测量物体转速时,测量盘会随被测物体转动,光线则随测量盘转动而不断经过各条缝隙,并透过缝隙投射到光敏元件上。投射式光电转速传感器的光敏元件在接收光线并感知其明暗变化后,即输出电流脉冲信号。投射式光电转速传感器的脉冲信号,通过在一段时间内的计数和计

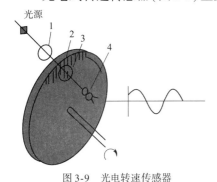

图3-9 光电转速传感器
1-透镜;2-带缝隙圆盘;3-指示缝隙盘;4-光电元件

算,就可以获得被测量对象的转速状态。

反射式光电转速传感器(图3-10)通过在被测量转轴上设定反射记号后获得光线反射信号来完成物体转速测量的。反射式光电转速传感器的光源会对被测转轴发出光线,光线透过透镜和半透膜入射到被测转轴上,而当被测转轴转动时,反射记号对光线的反射率就会发生变化。

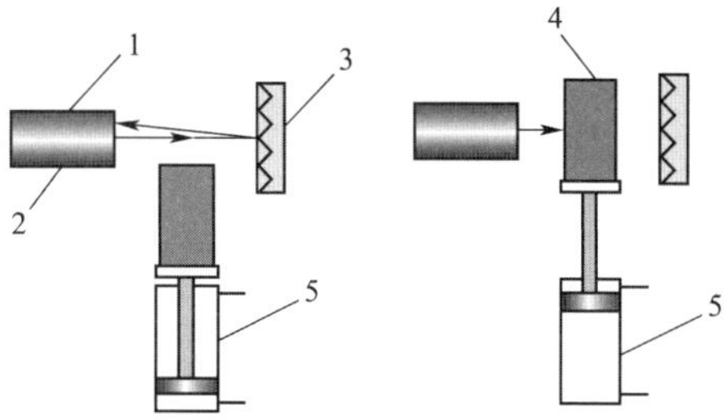

反射式光电转速传感器内装有光敏元件,当转轴转动反射率增大时,反射光线会通过透镜投射到光敏元件上,反射式光电转速传感器即可发出一个脉冲信号,而当反射光线随转轴转动到另一位置时,反射率变小光线变弱,光敏元件无法感应,即不会发出脉冲信号。

图3-10 反射式光电转速传感器
1-接收器;2-发射器;3-反射板;4-被测物体;5-汽缸

(2)变磁阻式转速传感器。

变磁阻式转速传感器(图3-11)属于变磁阻式传感器,它利用线圈自感量的变化来实现测量,由线圈、铁芯和衔铁三部分组成。铁芯和衔铁由导磁材料(如硅钢片或坡莫合金)制成,在铁芯和衔铁之间有气隙,传感器的运动部分与衔铁相连。当被测量变化时,衔铁产生位移,引起磁路中磁阻变化,从而导致电感线圈的电感量变化,因此,只要能测出这种电感量的变化,就能确定衔铁位移量的大小和方向。

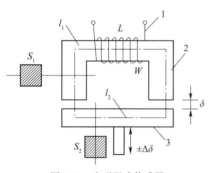

图3-11 变磁阻式传感器
1-线圈;2-铁芯(定铁芯);3-衔铁(动铁芯)

变磁阻式传感器的三种基本类型,即电感式传感器、变压器式传感器和电涡流式传感器都可制成转速传感器。电感式转速传感器应用较广,它利用磁通变化而产生感应电势,其电势大小取决于磁通变化的速率。这类传感器按由结构不同又分为开磁路式和闭磁路式两种。开磁路式转速传感器结构比较简单,输出信号较小,不宜在振动剧烈的场合使用。闭磁路式转速传感器由装在转轴上的外齿轮、内齿轮、线圈和永久磁铁构成,内、外齿轮有相同的齿数。当转轴连接到被测轴上一起转动时,由于内、外齿轮的相对运动,产生磁阻变化,在线圈中产生交流感应电势。测出电势的大小便可测出相应转速值。

(3)电容式转速传感器。

电容式转速传感器属于电容式传感器,有面积变化型(图3-12)和介质变化型(图3-13)两种。

面积变化型的原理:图3-12中齿轮外沿面作为电容器的动极板,当电容器定极板与齿顶相对时,电容量最大,而与齿隙相对时,电容量最小。因此,电容量的变化频率应与齿轮的转频成正比。

介质变化型是在电容器的两个固定电极板间嵌入一块高介电常数的可动板而构成。可动介质板与转动轴相连,随着转动轴的旋转,电容器板间的介电常数发生周期性变化而引起电容量的周期性变化,其速率等于转动轴的转速。可通过直流激励、交流激励和用可变电容构成振荡器的振荡槽路等方式得到转速的测量信号。

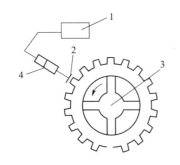

图3-12 变面积型电容式转速传感器
1-频率计;2-定板;3-齿轮;4-转换电路

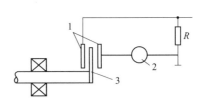

图3-13 介质变化型电容式转速传感器
1-固定板;2-电源;3-转动板

(4)霍尔转速传感器。

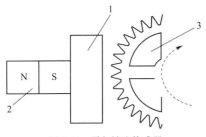

图3-14 霍尔转速传感器
1-霍尔元件;2-磁件;3-齿圈

霍尔转速传感器(图3-14)的主要工作原理是霍尔效应,当转动的金属部件通过霍尔传感器的磁场时会引起电势变化,通过对电势的测量可以得到被测量对象的转速值。霍尔转速传感器的主要组成部分是传感头和齿圈,而传感头又是由霍尔元件、永磁体和电子电路组成。

霍尔转速传感器在测量机械设备的转速时,被测量机械的金属齿轮、齿条等运动部件会经过传感器的前端,引起磁场的相应变化,当运动部件穿过磁力线较为分散的区域时,磁场相对较弱,而穿过产生磁力线较为集中的区域时,磁场就相对较强。霍尔转速传感器就是通过磁力线密度的变化,在磁力线穿过传感器上的感应元件时,产生霍尔电势。霍尔转速传感器的霍尔元件在产生霍尔电势后,会将其转换为交变电信号,最后传感器的内置电路会将信号调整和放大,输出矩形脉冲信号。

霍尔转速传感器的测量必须配合磁场的变化,因此,在霍尔转速传感器测量非铁磁材质设备时,需要事先在旋转物体上安装专门的磁铁物质,以改变传感器周围的磁场,这样霍尔转速传感器才能准确地捕捉到物质的运动状态。霍尔转速传感器主要应用于齿轮、齿条、凸轮和特质凹凸面等设备的运动转速测量。高转速磁敏电阻转速传感器除了可以测量转速以外,还可以测量物体的位移、周期、频率、转矩、机械传动状态和运行状态等。霍尔转速传感器目前在工业生产中的应用广泛,如电力、汽车、航空、纺织和石化等领域都采用霍尔转速传感器来测量和监控机械设备的转速状态,并以此实施自动化管理与控制。

(5)测速发电机。

测速发电机是一种用来检测机械转速的电磁装置,它能把机械转速变换成电压信号,其输出电压与输入的转速成正比关系,在自动控制系统和计算装置中通常作为测速元件、校正元件、解算元件和角加速度信号元件等。常见的测速发电机有直流测速发电机、空心杯转子异步测速发电机、笼式转子异步测速发电机和同步测速发电机几种,空心杯转子异步测速发电机是目前应用最广泛的测速发电机,下面对空心杯转子异步测速发电机测速原理(图3-15)介绍。

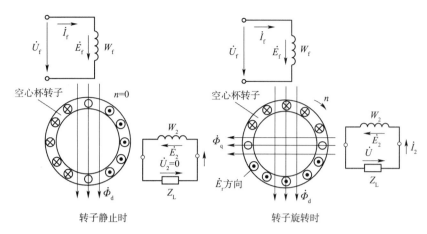

图 3-15 空心杯转子异步测速发电机

U_f-电源电压；I_f-电路电流；E_f-感应电动势；Φ_d-脉振磁通；E_r-交变电动势；Φ_q-脉振磁通；n-电机转速；Z_L-电感元器件

空心杯转子异步测速发电机利用空心杯转子进行速度测量并产生电能的。其基本原理是在转子的中心部位安装一个空心圆柱体，当转子转动时，空心圆柱体也随之转动，产生剪切力，该剪切力可以反映出转子转速。利用上述原理，通过电子测速系统获得转速信号，并将其与发电机的定子电路相连，从而生成电能。简而言之，空心杯转子异步测速发电机通过转子上的空心圆柱体产生的剪切力，利用电子测速系统获得转速信号，并将转速信号输入发电机的定子电路中，从而产生电能。

（6）旋转变压器。

旋转变压器是一种电磁式传感器，又称同步分解器。它是一种角度或速度测量的信号电机，由定子和转子组成，其中定子绕组作为变压器的原边，接受励磁电压，励磁频率通常用 400Hz、3000Hz 及 5000Hz 等；转子绕组作为变压器的副边，通过电磁耦合得到感应电压。

旋转变压器的工作原理和普通变压器基本相似，区别在于普通变压器的原边、副边绕组是相对固定的，所以输出电压和输入电压之比是常数，而旋转变压器的原边、副边绕组则随转子的角位移发生相对位置的改变，因而其输出电压随转子角位移发生变化，输出绕组的电压幅值与转子转角成正弦、余弦函数关系，或保持某一比例关系，或在一定转角范围内与转角呈线性关系。旋转变压器在同步随动系统及数字随动系统中可用于传递转角或电信号；在解算装置中可作为函数的解算用，故也称为解算器。

旋转变压器一般有两极绕组和四极绕组两种结构形式。两极绕组旋转变压器的定子和转子各有一对磁极，四极绕组则各有两对磁极，主要用于高精度的检测系统。除此之外，还有用于高精度绝对式检测系统的多极式旋转变压器。

（7）新型感应式转速传感器。

湖南银河电气有限公司开展了采用感应法测量电潜泵机组转速新方法的研究，并成功研制了 DM4022 感应式转速传感器。经过多次对比试验，新研制的测速系统的转速测量精度可达 0.1%，这套系统的研制成功，为电潜泵机组的测速提供了最为准确和可行的方法。

DM4022 感应式转速传感器的设计思路为：异步电机的转子在旋转磁场中由切割磁力线

产生感应电流的频率是电机转子频率和电机定子电压频率的差频。此差频乘以 60 就得到异步电机的转差,由电网频率也乘以 60 得到电机的同步转速,由同步转速减去转差就得到了电机的异步转速。

以工频潜水泵机组为例,感应式传感器感应的差频即为电潜泵电机的转子电流频率,当电机不旋转时,其转子产生的感应电流的频率就是电机转子频率和电机定子电压频率的差频,即 50Hz,乘以 60 即得到异步电机的转差为 3000r/min,电网频率(50Hz)乘以 60 得到电机的同步转速(3000r/min),减去转差(3000r/min),就得到了电机的转速(0r/min),表明潜水泵电机不旋转。

4)温度传感器

可以选择不同类型的温度传感器来测量驱动电机绕组温度、驱动电机轴承温度、驱动电机润滑油温度、驱动电机冷却介质温度,新能源汽车常用的温度传感器类型有双金属片温度传感器、PTC 温度传感器、KTY84 温度传感器、PT100 温度传感器、其他类型温度传感器(如表盘式温度计、NTC 等)。

(1)双金属片温度传感器。

双金属片温度传感器(图 3-16)是由两种热膨胀系数不同的金属片焊接在一起组成,随温度变化,两个金属片产生不同的形变,到达响应温度时,通、断两种状态发生变化(注意:双金属片温度传感器的触点容量有限制,带负载使用时不要超出。)。

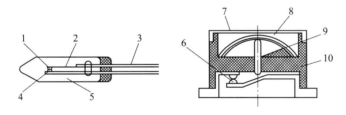

图 3-16 双金属片温度传感器

1-可动触点;2-双金属片;3-引线;4-固定触点;5-玻璃壳;6-触点开关;7-护盖;8-双金属片;9-推杆;10-外壳

(2)PTC 温度传感器。

PTC(Positive Temperature Coefficient)温度传感器是一种具有正温度系数的半导体电阻,安装在定子槽内或绕组端部用于监视绕组的温度,其温度特性如图 3-17 所示。

PTC 温度传感器按照响应温度来标识。在响应温度以下,PTC 温度传感器保持在一个相对较低的阻值状态,到响应温度时,PTC 温度传感器会以较大的系数快速增加至高阻值状态。由于 PTC 温度传感器动作时阻值变化较大,通常可以将几个 PTC 温度传感器进行串联使用,这样即使其中一个 PTC 温度传感器动作,也可以被识别。驱动电机上一般将 3 个 PTC 温度传感器电阻分别置于三相绕组中,然后进行串联,用于产生报警或故障信号。

(3)KTY84 温度传感器。

KTY84 温度传感器是一种具有正温度系数的半导体电阻,在参考温度为 100℃时电阻约为 1000Ω,最大允许测量电流为 2mA。温度特性如图 3-18 所示。

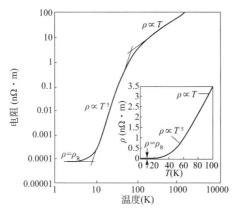

图 3-17 PTC 传感器温度特性图

图 3-18 KTY84 温度传感器温度特性图

(4) PT100 温度传感器。

PT100 温度传感器是阻值随温度线性变化的铂金属电阻，可用于精确测温。在参考温度 0℃ 时阻值为 100Ω。温度特性如图 3-19 所示。

5) 转矩传感器

转矩传感器分为非接触式转矩传感器、应变片转矩传感器、相位差式转矩转速传感器。

(1) 非接触式转矩传感器。

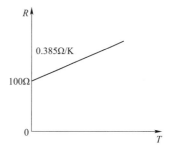

图 3-19 PT100 温度传感器温度特性图

非接触式转矩传感器也是动态转矩传感器，又叫转矩传感器、转矩转速传感器、旋转转矩传感器等。它的输入轴和输出轴由扭杆连接，输入轴上有花键，输出轴上则是键槽，当扭杆受到转动力矩作用发生扭转时，花键与键槽的相对位置改变，它们的相对位移改变量就是扭转杆的扭转量。上述过程使得花键上的磁感强度变化，通过线圈转化为电压信号。

非接触转矩传感器的特点是寿命长、可靠性高、不易受到磨损、有更小的延时、受轴的影响更小，应用较为广泛。

(2) 应变片转矩传感器

应变片转矩传感器使用的是应变电测技术。它的原理是利用弹性轴粘贴应变计，组成了测量电桥，当弹性轴受力矩作用发生微小形变，电桥的电阻值就会发生变化，进而电信号发生了变化，实现转矩的测量。

应变片转矩传感器的特点是分辨能力高、误差较小、测量范围大、价格低廉，便于选择和大量使用。

(3) 相位差式转矩转速传感器

相位差式转矩传感器的原理是根据磁电相位差式转矩测量技术，在弹性轴的两端安装两组齿数、形状及安装角完全相同的齿轮，齿轮外侧安装接近传感器。当弹性轴旋转时，两组传感器的波形产生相位差，从而计算出转矩。

它的特点主要是实现了转矩信号的非接触传递，检测的信号是数字信号，转速较高。但是这种转矩传感器体积较大,低转速时性能不理想,因此应用已不广泛。

另外,高性能无线转矩传感器较为常用,它与无线通信技术结合在一起,实现了数据的无线传输。

6)电涡流传感器

按照电涡流在导体内的贯穿情况,电涡流传感器可分为高频反射式和低频透射式两类,但从基本工作原理上来说仍是相似的。传感器探头里有小型线圈,由控制器控制产生振荡电磁场,当接近被测体时,被测体表面会产生感应电流,产生反向的电磁场。这时电涡流传感器根据反向电磁场的强度来判断与被测体之间的距离。

高频反射式电涡流传感器高频(频率 > 1MHz)励磁电流产生的高频磁场作用于金属板的表面,由于集肤效应,在金属板表面将形成涡电流。与此同时,该涡流产生的交变磁场又反作用于线圈,引起线圈自感 L 或阻抗 ZL 的变化,其变化与距离、金属板的电阻率 ρ、磁导率 μ、励磁电流 i,及角频率 ω 等有关,若只改变距离 δ 而保持其他系数不变,则可将位移的变化转换为线圈自感的变化,通过测量电路转换为电压输出。高频反射式涡流传感器多用于位移测量。

低频透射式涡流传感器多用于测定材料厚度。发射线圈 W1 和接收线圈 W2 分别放在被测材料 G 的上下,低频电压 e_1 加到线圈 W1 的两端后,在周围空间产生一交变磁场,并在被测材料 G 中产生涡流 i,此涡流损耗了部分能量,使贯穿 W2 的磁力线减少,从而使 W2 产生的感应电势 e_2 减小。e_2 的大小与 G 的厚度及材料性质有关,实验证明,随材料厚度 h 增加,e_2 按负指数规律减小。因而由 e_2 的变化便可测得材料的厚度。

(二)新能源汽车驱动电机传感器的检修

1. 传感器故障检修步骤

1)确定故障位置

根据车辆故障现象,对传感器症状的判断,推断出可能的故障位置。

2)使用诊断仪确认故障原因

确认被怀疑的传感器在解码器中是否有故障码,并在数据流中加以强化判断。

3)传感器本体检查

进行本体检查以避免传感器自身故障而引起传感器误判,首先对疑似传感器的部位进行外部检查,查看是否有短路、断路、脏污、断线、连接、起泡、腐蚀、氧化、接触不良、传感器变形等异常情况。

4)找出相应的电路图检查外部电压、搭铁及线束

为了防止无源传感器因无电源而无法正常工作,首先检查外部电源。例如,如果霍尔式曲轴位置传感器没有 12V 或 5V 电压,传感器将没有信号输出。对于可以测量电阻的传感器,如可变电阻传感器和磁电传感器,可以直接测量电阻。如果电源和搭铁不正常,就要追查来源,检查电路。

5)输出信号检查

检查输出信号主要是指通过将传感器连接到已经检查正常的外部电路,或者通过额外

改善传感器的工作条件来检查传感器输出信号的过程。输出信号检查,应该是电阻检查更进一步。这是因为控制模块应该接受输出信号,而不是传感器本身的电阻。传感器本身电阻正常,输出信号可能不正常。因此,主动传感器和被动传感器都可以在模拟工况下检查输出信号。需要注意的是,无源传感器只有在正确提供工作电源的情况下才能检测到传感器的输出信号。输出信号可以用万用表的电压块或电流块检查,但输出信号只能用汽车专用万用表简单判断,用示波器可以更准确地判断输出信号。

6)解决故障

根据检查的问题,更换或维修相应的零部件。

2. 注意事项

(1)除在测试过程中特殊指明外,一般不能用指针式万用表测试 VCU 及传感器,应使用高阻抗数字式万用表或汽车专用万用表进行测试。禁止使用"划火法"检查晶体管电路的通、断状况。不要用普通试灯去测试任何与 VCU 相连接的电气装置,以防止晶体管损坏。脉冲电路应采用 LED 灯或示波器检查。

(2)在拆卸或安装电感性传感器时,应将点火开关断开(OFF),以防止其自感电动势损伤 VCU 和产生新的故障。

(3)在车身上进行线路焊接时,应先断开 VCU 电源。在靠近 VCU 或传感器的地方进行车身修理作业时,更应特别注意。

(4)VCU 和传感器必须防止受潮。不允许将 VCU 或传感器的密封装置损坏,更不允许用水冲洗。VCU 必须防止受剧烈振动。

(5)在电控系统中,故障多的不是 VCU、传感器和执行部件,而是插接器。插接器常会因松旷、脱焊、烧蚀、锈蚀和脏污而接触不良或瞬时短路。因此,当出现故障时,不要轻易地更换电子器件,而应首先检查插接器的状况。

(6)动力蓄电池搭铁极性切不可接错,必须负极搭铁。

(7)在点火开关接通的情况下,不要进行断开任何电气设备的操作,以免电路中产生的感应电动势损坏电子元件。

(8)注意检查搭铁线的状况,其电阻值一般不应大于 1Ω。

(9)带有安全气囊系统的汽车,对安全气囊进行检修时,如果操作不当,会使安全气囊意外张开,因此,必须严格按操作程序进行。对安全气囊进行检修作业时,先将点火开关置于关闭位置,先断开动力蓄电池负极,等待 90s 后再进行操作,以免发生意外。

(10)某些故障报警灯的功率不得随意改变,否则会出现异常情况。

(11)注意屏蔽线。

3. 驱动电机常见传感器故障的检修

1)旋变传感器异常

(1)确认故障现象。

吉利帝豪 EV300 车辆能正常上电,READY 灯点亮,驱动电机不工作。

(2)读取故障码和数据流。

如图 3-20 所示,故障代码为 P0C5200,确定驱动电机旋变传感器失效。

图3-20　旋变传感器故障码

(3) 检查传感器本体。

三相交流永磁同步电机电机主要由定子铝合金、转子永磁体、前后端盖和和旋变传感器组成,检查传感器本体及周围是否正常。

(4) 检查相应的电路图。

正确使用维修手册与电路图,查找相应的电路图,并分析,如图3-21所示。

(5) 检测流程。

因为旋变传感器主要是由线圈构成,而最好的测量方法就是电阻测量法。

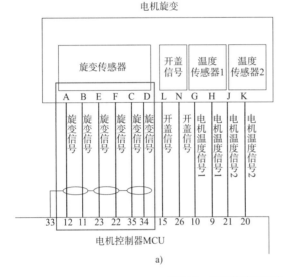
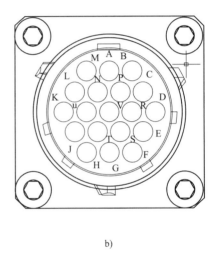

图3-21　旋变传感器电路图与端子号

① 励磁绕组参考电压:打开点火开关ON挡测量插件端,应有3~3.5V交流电压;
② 正弦绕组阻值:拔下插件测量传感器端子应有(60±10)Ω电阻;
③ 余弦绕组阻值:拔下插件测量传感器端子应有(60±10)Ω电阻;
④ 励磁绕组阻值:拔下插件测量传感器端子应有(30±10)Ω电阻。

两两针脚测量电阻值,判断上述范围内是否正常。若从驱动电机控制器端进行测量,这样也可以确定驱动电机控制器与驱动电机旋变传感器线路是否正常,如果不正常则需要从驱动电机端进行测量,确定是否在内部发生断路或损坏,如果是在内部发生断路和损坏则需要拆卸驱动电机总成,单独更换旋变传感器。

2) 驱动电机温度传感器异常的故障

(1) 确认故障现象。

仪表提示驱动电机温度过高,系统功率降低。

(2) 故障原因分析。

变频器模块会通过电机内的温度传感器和供给的电流计算驱动电机的温度,当温度异常时,系统将降低驱动电机的输出功率,让驱动电机尽快冷却。

采集电机温度的传感器是热敏电阻传感器。热敏电阻的阻值和驱动电机温度传感器相关,它根据驱动电机温度的变化而变化。驱动电机温度越低,热敏电阻的阻值越大。相反,驱动电机温度越高,热敏电阻的阻值越小。驱动电机温度传感器与 HV 控制 VCU 连接。由 HV 控制 VCU 的 MMT 端子提供的 5V 的电源电压经过电阻 R 到达驱动电机温度传感器。

为了防止电机驱动过热,HV 控制 VCU 根据这种信号限制负载。另外,HV 控制 VCU 检查驱动电机温度传感器是否出现线路故障和传感器故障。

(3)读取故障码和数据流。

如图 3-22 所示,故障代码为:P0A2D00,确定驱动电机温度传感器失效。

(4)检查传感器本体。

检查温度传感器本体及周围零部件是否正常。

(5)检查相应的电路图。

温度传感器电路图如图 3-23 所示。

图 3-22 温度传感器故障码

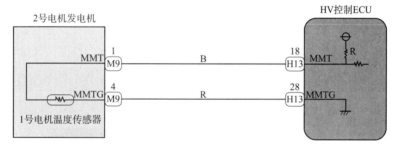

图 3-23 温度传感器电路图

(6)检测流程。

使用诊断仪读取驱动电机温度传感器数据。读取专用诊断仪上显示的 MG1 发电机温度值,如果电路开路或 B+短路,则专用诊断仪显示的数据是 $-50℃(-58F)$;如果电路 GND 短路,则专用诊断仪显示的数据是 $205℃(401F)$。见表 3-1。

温度传感器标准参数值　　　　表 3-1

温度显示
$-50℃(-58°F)$
$205℃(401°F)$
$-49℃\sim204℃(-57°F\sim400°F)$

若显示的温度不在正常范围 $-49℃\sim204℃$,需要检查温度传感器与模块之间的连接线路以及温度传感器本身技术状态。

根据电路图(图 3-23),依次检查 M9-1 号针脚电压、M9-4 号针脚与车身搭铁电阻值、问题传感器本体电阻值;并在人为创造的不同温度环境下,检查 M9-1 号针脚电压变化情况是否符合温度传感器的特性变化。

3)驱动电机角度传感器异常的故障

(1)确认故障现象。

仪表显示驱动系统故障,车辆不能正常驱动。

(2)故障原因分析。

故障原因有 MG2 角度故障或 MG1 角度故障。

驱动电机角度传感器是一种检测转子磁极位置的传感器,它必须保证 MG1 和 MG2 的高效控制。角度传感器的定子包括一个励磁线圈和两个检测线圈。因为转子是椭圆形的,定子和转子间的间隙随着转子转动而变化。预定频率的交流电流过励磁线圈和检测线圈S、C,并且根据传感器转子的位置输出交流电。正常信号变化情况如图 3-24 所示。

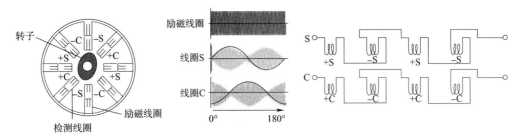

图 3-24　正常信号变化图

(3)读取故障码和数据流。

使用诊断仪读取对应故障码所指电机的数据流,数据流应该显示出电机的转动角度。如图 3-25 所示,故障代码为:P130C00,确定驱动电机角度传感器失效。

故障码	状态	说明
P171100	当前故障	请参考车辆维修手册
P0C5200	当前故障	sine/cosine 输入信号低于电压阈值
P171400	当前故障	请参考车辆维修手册
P130C00	当前故障	旋变器初始化错误

图 3-25　角度传感器故障码

(4)检查相应的电路图。

以 MG2 电机角度传感器控制电路为例,其控制电路图如图 3-26 所示。

(5)检测流程。

检查线束与连接器控制—传感器电路,如图 3-27 所示。

①断开 H13、HV 与 VCU 连接器和角度传感器连接器;

②打开点火开关;

③测量 HV 与 VCU 连接器端子和车身接地间的电压:【MRFH13-34】-车身接地、【MRFGH13-33】-车身接地、【MSNH13-20】-车身接地、【MSNGH13-19】-车身接地、【MCSH13-32】-车身接地、【MCSGH13-31】-车身接地。以上电压均应小于 1V;

④关闭点火开关;

⑤检查线束侧连接器间的电阻,均应该导通,【MRFH13-34】-【MRFM8-1】、【MRFGH13-33】-【MRFM8-4】、【MSNH13-20】-【MRFM8-2】、【MSNGH13-19】-【MRFM8-5】、【MCSH13-32】-【MRFM8-3】、【MCSGH13-31】-【MRFM8-6】均应该小于1Ω;

⑥检查驱动电机角度传感器自身电阻,如图3-28所示。

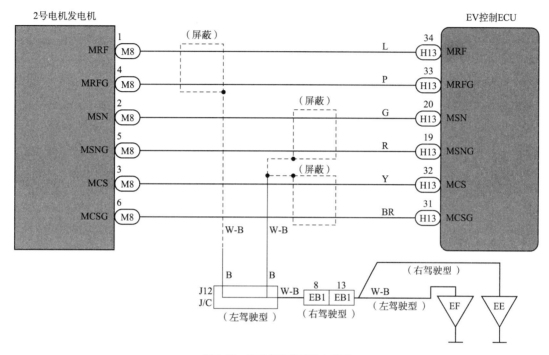

图3-26 电机角度传感器电路图

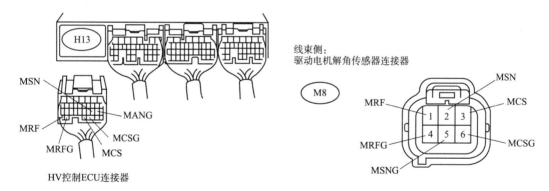

图3-27 传感器线路连接示意图

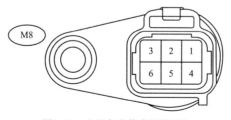

图3-28 电机角度传感器端子号

测量驱动电机角度传感器端子间的电阻,参考值标准值见表3-2。

角度传感器标准值　　　　　　　　　　　　　　　表3-2

万用表连接	规定条件
MRF(M8-1)-MRFG(M8-4)	7.65～10.2Ω
MSN(M8-2)-MSNG(M8-5)	12.6～16.8Ω
MCS(M8-3)-MCSG(M8-6)	12.6～16.8Ω

用兆欧表检查驱动电机角度传感器6个端子间的绝缘电阻,应该相互绝缘,电阻无穷大。

二、任务实施

(一)实施要求

该实训主要是学生通过新能源汽车驱动电机传感器维修真实案例,进一步巩固维修资料的熟练使用,培养故障诊断思维能力,提升专业技能。该实训所涉及的知识和技能是新能源汽车技术从业人员应掌握的基本知识和技能,具体实训任务由指导教师根据实际情况安排。

(二)实施准备

(1)实训设备:吉利帝豪EV300。
(2)新能源汽车安全防护以及工量具的准备。
(3)相关资料:吉利帝豪EV300维修资料。
(4)操作工单。
(5)辅助设备:示波器。

(三)实施步骤

(1)接受实训任务。
(2)完成实训准备工作。
(3)确认故障现象。
(4)判断故障范围。
(5)读取故障码和数据流。
(6)查找电路图和端子号。
(7)检修故障。
(8)实训质量检查。

三、任务工单

根据布置的任务要求,确定所需要的实训场地、设备及工具,以小组讨论的方式制订详细的工作计划(操作流程或工序),以小组活动的形式实施计划(对小组成员进行合理分工),完成任务并记录。

任务实训工作记录单

任务名称					
组长姓名		班级		同组同学	
教师姓名		地点		日期	
实训目标					
设备工具					
组员分工					
实训过程内容与流程记录					
实训步骤					
实训任务回顾与总结					
任务收获与结果					
建议和改进措施					

课后习题

一、判断题

1. 传感器主要有角速度传感器、转速传感器、温度传感器、转矩传感器、电涡流传感器五种。( )

2. 霍尔传感器具有安装简单、线性度好、体积小等优点,广泛用于驱动电机位置的检测。其检测驱动电机速度和位置的原理是在驱动电机定子上相互间隔180°的位置安装三个霍尔元件,而永磁体位于转子上,当转子旋转时受永磁体影响三相霍尔元件输出相位互差180°、占空比为50%的方波信号。( )

3. PT100温度传感器是阻值随温度线性变化的铂金属电阻,可用于精确测温。在参考温度0℃时阻值为无穷大。( )

4. 旋转变压器的信号输出是两相正交的模拟信号,幅值随着转角变化做正余弦变化,频率和励磁频率不一致,旋变电机输入输出电信号波形。( )

5. 霍尔效应传感器特点是小型封装、高精度、低功耗、由于信号等级低、读出电子设备必须靠近信号传导设备,需要考虑读出设备受超过其承受能力的温度和辐射影响。( )

二、选择题

1. 当前大多数的新能源汽车采用的是( )控制,驱动电机控制器需要实时获取驱动电机的（　　）、（　　）和（　　）信息，对于优化算法和提高控制性能具有重要意义。

　　A.永磁同步电机矢量　　　　　　B.速度
　　C.位置　　　　　　　　　　　　D.温度

2.目前用于驱动电机速度、位置、温度检测的传感器主要有（　　）、（　　）、旋转变压。

　　A.光电编码器　　B.霍尔传感器　　C.TMR 传感器　　D.以上都不是

3.不属于新能源汽车驱动电机传感器的是（　　）。

　　A.霍尔传感器　　B.TMR 传感器　　C.光电编码器　　D.超声波传感器

三、简答题

1.温度传感器有哪些类型？

2.请简述新能源驱动电机传感器故障的故障现象。

任务2　新能源汽车驱动电机控制器认知与检修

任务描述

作为从事新能源汽车行业的专业人员，你知道新能源汽车驱动电机控制器的工作原理与检修方法吗？

一、知识准备

（一）新能源汽车驱动电机控制器作用与结构

驱动电机控制器作为电动汽车的核心部件之一（图3-29），其作用是控制驱动电机的启动、正转、反转、速度、停止，并可以回收制动能量，通过 CAN 线与车辆其他模块进行通信。

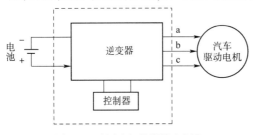

图3-29　驱动电机控制器示意图

驱动电机控制器是一种根据设定的方向、力矩和速度，对驱动电机进行操作的装置。驱动电机控制器由电子控制模块、驱动器、功率变换模块、保护模块、逆变器组成。

1.电子控制模块

电子控制模块负责对驱动电机的电流、电压、转速、温度等进行控制，与整车控制器、电池管理系统等外部控制单元进行数据交互，并针对各类型驱动电机的特性，设计出相应的控制策略。

2.驱动器

驱动器将单片机向驱动电机输出的控制信号转化为驱动电源转换器的驱动信号，并将电源与控制信号分离，该电源转换组件利用切换操作来控制驱动电机的电流。

3. 功率变换模块

功率变换模块起到对驱动电机电流进行控制的作用。电动汽车经常使用的功率器件有大功率晶体管、门极可关断晶闸管、功率场效应管、绝缘栅双极晶体管以及智能功率模块等。当前车用驱动电机控制器基本采用以传统硅基材料为主的IGBT（绝缘栅双极型晶体管）。

4. 保护模块

保护模块主要有以下功能。

（1）过载保护，使用热继电器。

（2）短路保护，使用熔断器和自动空气开关。

（3）过电流保护，使用过电流继电器。

（4）零压和欠压保护，使用自锁回路和欠电压继电器。

（5）弱磁保护，使用欠电流继电器。

（6）断相保护，使用断相保护热继电器、电压继电器、电流继电器、固态断相保护器。

5. 逆变器

逆变器通过半导体功率开关的开通和关断作用，把直流电能转变成交流电能，它是整流变换的逆过程。在确定的时间内，逆变器能使开关器件导通、关断，起输出和保护电路的作用。逆变器的特点是转换效率较高，启动速度快，具备短路以及超温、保护的功能。逆变器外表材料均采用铝，散热性能好，耐磨系数高，能够承受一定压力的挤压，负荷运行时的稳定性强。

（二）驱动电机控制器的工作原理

驱动电机驱动汽车行驶，而驱动电机控制器（图3-30）驱动驱动电机工作；逆变器接收动力蓄电池输送过来的直流电能，逆变成三相交流电给驱动电机提供电源；控制器接受驱动电机转速等信号反馈到仪表，当发生制动或者加速行为时，控制器控制变频器频率的升降，从而达到加速或减速目的。驱动电机控制方式主要有电压控制方式、电流控制方式、频率控制方式、弱磁控制、矢量控制、直接转矩控制。

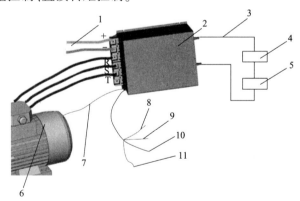

图3-30 电机控制器

1-接电池组；2-驱动电机控制器；3-循环水冷；4-冷却泵；5-散热器；6-直流无刷电机；7-霍尔信号线；8-正反转控制线；9-加速踏板控制线；10-能量回收控制线；11-启停控制线

1. 电压控制方式

电压控制方式通过改变驱动电机端电压来实现转速控制。

2. 电流控制方式

电流控制方式通过改变驱动电机绕组电流来实现转速控制。

3. 频率控制方式

频率控制方式通过改变驱动电机的电源频率来实现转速控制。

4. 弱磁控制

弱磁控制通过减弱气隙磁场来控制驱动电机转速。

5. 矢量控制

矢量控制将交流电机的定子电流作为矢量,经坐标变换分解成与直流电机的励磁电流和电枢电流相对应的独立控制电流分量,以实现驱动电机转速/转矩控制。

6. 直接转矩控制

直接转矩控制用空间矢量的分析方法,直接在定子坐标系下计算并控制交流电机的转矩,采用定子磁场定向,借助于离散的两点式调节产生 PWM 信号,直接对逆变器的开关状态进行控制,以获得转矩的高动态性能。

(三)驱动电机控制器常见故障检修

1. 常见故障原因及解决方法

1) MCU 直流母线故障

(1) 故障原因:驱动电机系统突然大功率充电;高压回路非正常断开。

(2) 解决方法:分析整车数据流,如果总线电压报文与实际电压不符,则需检查高压供电回路,高压主继电器、高压插件有无故障。

2) MCU 相电流过电流故障

(1) 故障原因:负载突然变化、旋变信号故障等导致电流畸变,比如动力蓄电池或主继电器频繁通断;控制器损坏;控制器采集电压与实际电压不一致。

(2) 解决方法:检查高压回路;更换控制器;标定电压,刷写控制器程序。

3) 驱动电机超速故障

(1) 故障原因:整车负载突然降低,驱动电机转矩控制失效;驱动电机低压信号线插头连接松动或退针;控制器损坏。

(2) 解决方法:如果重新上电后故障消失且不再出现,则可以不处理;检查信号线插头;更换控制器。

4) 驱动电机过热故障或驱动电机控制器过热故障

(1) 故障原因:驱动电机低压信号线插头连接松动或退针;冷却系统工作异常;驱动电机本体损坏。

(2) 解决方法:检查信号线插头;检查冷却液是否充足,水泵是否正常工作,冷却管路堵塞或堵气。

5) MCU 低电压欠电压故障

(1) 故障原因:低压蓄电池电压过低或驱动电机控制器低压线束原因,控制器低压接口电压过低。

(2)解决方法:检查低压蓄电池电压,给低压蓄电池充电;检查控制器低压接口,测量控制器低压供电是否正常或搭铁是否正常。

6)与 VCU 通信丢失故障

(1)故障原因:未收到整车控制器信号;网络干扰严重;线束问题。

(2)解决方法:检查驱动电机控制器低压线束连接是否正常;检查 CAN 网络;更换控制器。

7)电机系统高压暴露故障

(1)故障原因:MCU 电源模块硬件损坏;软件与硬件不匹配;网络上有部件报出高低压互锁故障。

(2)解决方法:刷写驱动电机控制器程序,更换驱动电机控制器。

8)电机异响

(1)故障原因:电磁噪声(高频较尖锐);机械噪声。

(2)解决方法:电磁噪声属正常;排查驱动电机本身故障,更换驱动电机。

2.使用诊断仪读取故障码和数据流

使用诊断仪读取故障码和数据流判断故障点。

(1)车钥匙置于"LOCK"挡位,连接诊断仪至诊断接口,将车钥匙置于"ON"挡位,进入诊断系统界面。单击系统选择,进入功能模块诊断界面,如图 3-31 所示。

 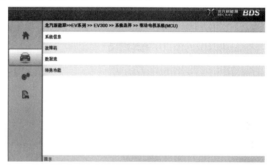

图 3-31　系统选择界面

(2)单击进入"驱动电机系统(MCU)"。

(3)单击"故障码"进入故障码功能界面,如图 3-32 所示。

(4)单击"读取故障码"查看故障码信息,如图 3-33 所示。

图 3-32　故障码功能界面　　　　　图 3-33　驱动电机系统故障码界面

(5)返回到"驱动电机系统(MCU)"界面,单击"数据流",进入数据流界面,读取驱动电机系统数据流,如图3-34所示。

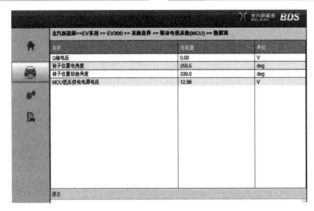

图3-34 驱动电机数据流界面

3.使用万用表测量

(1)励磁绕组测量。

将车钥匙置于"LOCK"挡位,断开驱动电机控制器低压插头,根据电路图找出旋变传感器励磁绕组端子定义,如北汽EV200纯电动汽车驱动电机控制器低压插头的11和12脚是励磁绕组接线脚,使用万用表测量其两端电阻约为22Ω,如图3-35a)所示。

a) 励磁绕组电阻值　　　　　b) 正弦绕组电阻值　　　　　c) 余弦绕组电阻值

图3-35 绕组电阻值

(2)正弦绕组测量。

使用万用表测量 EV200 纯电动汽车电机控制器低压插头 22 和 23 脚,其电阻为 53Ω,如图 3-35b)所示。

(3)余弦绕组测量。

使用万用表测量 EV200 纯电动汽车电机控制器低压插头 34 和 35 脚,其电阻约为 52Ω,如图 3-35c)所示。

(4)温度传感器测量。

①驱动电机温度传感器测量:使用万用表测量 EV200 纯电动汽车驱动电机控制器低压插头 9 和 10 脚,在温度 25℃ 左右时其电阻为 1117Ω,如图 3-36 所示。

②电机控制器温度传感器测量:使用万用表测量 EV200 纯电动汽车电机控制器端 20 和 21 端子,在温度 25℃ 左右时其电阻为 1727Ω,如图 3-37 所示。

图 3-36 电机温度传感器电阻值

图 3-37 电机控制器温度传感器电阻值

(5)CAN 网络通信检测。

①终端电阻检测:根据北汽新能源汽车 CAN 总线拓扑图,可以了解到新能源 CAN 总线的终端电阻安装在 BMS 和 VCU 中,将车钥匙置于"LOCK"挡位,断开驱动电机控制器低压线束插头,使用万用表测量新能源 CAN 总线终端电阻值应为 60Ω 左右,如图 3-38 所示。

②CAN 总线电压检测:将车钥匙置于"LOCK"挡位,断开驱动电机控制器低压线束插头,将车钥匙置于"ON"挡位,用万用表测量 32 脚 CAN-H 对地电压和 31 脚 CAN-L 对地电压,均应在 2.5V 左右,如图 3-39、图 3-40 所示。

图 3-38 终端电阻

图 3-39 CAN-H 电压

4. 驱动电机控制器的更换

1)驱动电机控制器拆卸过程

（1）安全注意事项。在进行拆卸操作之前，按照规定进行操作场地、安全工装、工具设备检查。安装车辆三件套，打开前机舱盖，安装翼子板布、前格栅布。

（2）严格按照规范进行高压断电操作。

（3）断开电机控制器低压插件（图3-41）。可以使用翘板，翘起锁扣后再拔出插头，不要使用金属或尖锐部件插拔锁止机构，以免伤害插头。

图3-40　CAN-L电压

图3-41　拆卸驱动电机控制器低压插件

（4）断开驱动电机控制器直流输入正、负高压电缆。注意：拆卸直流输入高压电缆（图3-42）时，要逆时针旋转航空插头端部螺母，待旋松后在均匀用力拔出插头。

（5）断开驱动电机控制器上UVW三相动力线（图3-43）。注意：先将绿色锁舌轻轻向后拉出，然后反向推压锁扣拉手，待侧向锁片完全退出后，即可拔出。

图3-42　拆卸直流输入高压电缆

图3-43　断开三相动力线

（6）释放冷却液。打开储液罐密封罐，举升车辆，在车辆底部放置废液收集盘，拧开散热器冷却液排放螺栓，如图3-44所示。待冷却液释放完毕后，降下车辆。

（7）拔下驱动电机控制器进、出水管（图3-45）。注意：水管中仍有残余冷却液。

（8）拆卸驱动电机控制器。按对角顺序拆卸固定螺栓，如图3-46所示。取下驱动电机控制器，注意驱动电机控制器内仍有残余冷却液。

2)安装驱动电机控制器

（1）安装驱动电机控制器，注意螺栓安装顺序，并按照规定力矩拧紧螺栓。

（2）安装高压三相动力线、高压电缆和低压线束插头。

（3）安装驱动电机控制器进、出水管，并安装好水管卡子。安装水管后，加注冷却液，加注冷却液后需要开启电动水泵，然后根据膨胀水箱中冷却液液位重复添加冷却液，直至冷却液液位达到标准。

图3-44　释放冷却液

图3-45　拔下驱动电机控制器进、出水管

5.驱动电机控制器分解与装配

1）驱动电机控制器的分解

（1）拆下驱动电机控制器上盖紧固螺栓，如图3-47所示。

（2）拆下控制板上连接低压线束的插座，如图3-48所示。

（3）拔下控制板上连接驱动板的线束插头，如图3-49所示。

图3-46　拆卸驱动电机控制器

（4）拔下电流传感器线束插头，如图3-50所示。

图3-47　拆卸驱动电机控制器上盖紧固螺栓　　图3-48　拆卸低压线束插座

（5）拆下屏蔽板固定螺栓，取下屏蔽板和控制板，如图3-51、图3-52所示。

（6）拆下高压电容，如图3-53所示。

（7）断开盒盖开关插头，如图3-54所示。

（8）拆下U、V、W三相汇流排，如图3-55所示。

（9）拆下带有散热底座的IGBT驱动板，如图3-56所示。

图 3-49 拔下驱动板线束插头

图 3-50 拔下电流传感器插头

图 3-51 取下屏蔽板

图 3-52 取下控制板

图 3-53 拆下高压电容

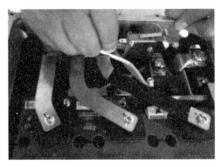

图 3-54 断开盒盖开关插头

图 3-55 拆下 U、V、W 三相汇流排

图 3-56 拆卸带有 IGBT 的驱动板

2）电机控制器安装

（1）涂抹密封胶、安装带有散热基座的 IGBT 驱动板。

（2）安装 U、V、W 三相汇流排。

（3）安装高压电容。

（4）安装盒盖开关插头。

（5）安装控制板和屏蔽板。

（6）安装电流传感器插头。

（7）安装驱动板线束插头。

（8）安装电机控制器低压线束插头。

（9）按照规定力矩安装电机控制器上盖。

二、任务实施

（一）实施要求

本任务主要完成对驱动电机控制器结构组成以及绝缘性的了解。

（1）找到驱动电机控制器在车上的安装位置。

（2）认识驱动电机控制器结构。

（3）检测驱动电机控制器对地、外壳、高压线束的绝缘性能。

（二）实施准备

做好前期个人防护，检查绝缘手套抗压等级、气密性，检查绝缘手套和护目镜外观有无破损，检查万用表线束，使用万用表电阻挡进行校表。

（三）实施步骤

（1）打开电动车前机舱盖，正确铺设好车外三件套，根据驱动电机控制器的图片，准确找到驱动电机控制器的位置。

（2）断开蓄电池负极。

（3）切断动力母线、高压直流电输入高压线束以及三相交流高压输出高压线束。

（4）对角拧下驱动电机控制器上盖固定螺丝。

（5）轻轻取下盖板并放置在工具桌。

（6）观察内部结构，找到各个组成部分的大体位置。

（7）打开万用表并调至欧姆挡。

（8）红表笔搭至高压直流电输入正极或负极，黑表笔搭至外壳体，观察万用表电阻值并记录。

（9）红表笔搭至高压直流电输入正极或负极，黑表笔搭至高压直流输入高压束或三相交流输出高压线束，观察万用表电阻值并记录。

（10）将驱动电机控制器盖板对角安装至原样，将高压直流输入高压线束安装回原样，将三相交流输出高压线束安装回原样，将动力母线插回并将所有工具复原。

三、任务工单

根据布置的任务要求，确定所需要的实训场地、设备及工具，以小组讨论的方式制订详细的工作计划（操作流程或工序），以小组活动的形式实施计划（对小组成员进行合理分工），完成任务并记录。

任务实训工作记录单

任务名称					
组长姓名		班级		同组同学	
教师姓名		地点		日期	
实训目标					
设备工具					
组员分工					
实训过程内容与流程记录					
实训步骤					
实训任务回顾与总结					
任务收获与结果					
建议和改进措施					

◆ 课后习题

一、判断题

1．驱动电机控制器在电动汽车上的作用是控制驱动电机正转、反转和速度。（   ）

2．逆变器是通过半导体功率开关的开通和关断，把直流电能转变成交流电能的一种变换装置，该过程是整流变换的逆过程。（   ）

3．电流型准 PWM 控制方式实现简单，开关损耗较低、失真较小。（   ）

4．控制器控制变频器频率的升降，从而达到加速或者减速的目的。（   ）

5．交流异步电机驱动系统表现出空间小、功率密度高和运行效率高的突出优势。（   ）

二、选择题

1. (多选)驱动电机控制器的类型有(　　)。
   A. 开关磁阻电机控制器　　　　　　B. 异步电机控制器
   C. 永磁同步电机控制器　　　　　　D. 直流电机控制器
2. (多选)驱动电机控制器系统由(　　)组成。
   A. 电子控制模块　　B. 驱动器　　C. 功率变换模块　　D. 保护模块
3. (多选)驱动电机控制器逆变器将动力蓄电池输送过来的高压直流电变为(　　)。
   A. 12V 低压直流电　　　　　　　　B. 220V 三相交流电
   C. 24V 低压直流电　　　　　　　　D. 单相交流电

项目四
新能源汽车电机驱动新技术认知

知识目标

（1）了解轮毂电机的分类和特点。
（2）熟悉新能源汽车主流驱动电机的特点。
（3）了解新能源汽车驱动电机发展趋势。

技能目标

（1）能描述新能源汽车电机驱动新技术的发展趋势。
（2）能够描述新能源汽车主流驱动电机的特点。
（3）具备查阅资料与信息检索的能力。

素养目标

（1）能够制订工作计划，独立完成工作学习任务。
（2）具备团队合作和安全操作意识。
（3）养成服从管理，规范作业的良好工作习惯。

 任务1　轮毂电机及独立驱动系统认知

任务描述

作为从事新能源汽车行业的专业人员，你知道新能源汽车还有哪些电机驱动新技术吗？

一、知识准备

(一)轮毂电机的发展历史

1. 国外发展现状

国外的分布式驱动电动汽车出现时间为19世纪,费迪南德波尔舍设计了世界上第一台分布式电动汽车——"Lohner-Porsche"电动汽车,它由两台轮毂电机提供动力,但受限于当时的电池技术和控制芯片的性能问题,仅成为陈列品,如图4-1所示。

近些年来,随着各国对环境和能源关注度的提升以及电池技术和控制器的发展,为电动汽车的发展提供了"沃土"。2005年,美国通用公司研制的在北美车展上亮相。该车由四台轮毂电机提供动力,充电一次可行驶300mi,从静止加速到60mi/h仅需10s。Sequel以氢燃料电池作为动力源,可将氢能直接转换为电能,同时对底盘结构进行改进,摆脱了机械结构的线控转向。Sequel的再生制动系统,有效减少了制动时的能量损耗,大大保障了车辆的行驶里程。

图4-1 "Lohner-Porsche"电动汽车

英国Protean公司专注于轮毂电机的研发工作,在轮毂电机领域,取得了较大成果,轮毂电机技术成熟,已经批量生产。其中,2011年面世的BRABUS奔驰E系列电动超跑采用四台Protean轮毂电机提供动力,最大马力800匹,提速快,拥有较好的续航能力。2017年,新加坡Vanda Electric公司推出四轮毂驱动电动跑车Dendrobium,续航400km,百公里加速仅需2.6s。还有各国其他汽车公司,包括一些传统汽车企业,也对轮毂电机领域进行了大量布局探索,加紧实现自身产品的量产化。

2. 国内发展现状

国内虽然对这方面的关注晚于国外,但经历各个机构的配合探索,也取得了很多辉煌成就,已基本达到与国外持平的技术,并带动了相关产业发展。其中,广汽集团对国内轮毂电机驱动技术发展做出了重要贡献,拥有一系列相关技术专利。并于2016年,在车辆展览中公布了其设计的样车En Light(图4-2),该车使用了许多先进科技,在轮毂电机分布式驱动的基础上,加入了自动驾驶、自主规划等功能;湖北泰特电机通过近些年对轮毂电机驱动技术的研究,掌握了一系列关键技术,并成功用于海格的全国第一辆采用轮毂电机驱动行驶的客运车,收到专业人员的高度认可,该客车如图4-3所示,该车总长11.9m,由于驱动方式的特殊,其底盘非常低,因此留下了更多空间给乘客;绿驰公司于2018年推出新一代轮毂电机驱动汽车Venera(图4-4),该车配备了全驱轮毂电机,动力十分强劲,最高能量输出可达699kW。从静止加速到100km/h仅耗时2.9s,最大行驶车速为244km/h。并且充分利用轮毂电机高效率驱动,在经济性循环工况下可持续行驶498km。

图 4-2 En Light 概念车图

图 4-3 轮毂电机客车

图 4-4 绿驰 Venera

与企业相比,我国国内高校对分布式电动汽车研究更深入。香港中文大学以车辆行驶模式多样化为着眼点,开发出特殊转向模式,并对轮毂电机的转矩控制进行深入研究;同济大学则采用路面附着系数的估算方法,对转矩控制进行优化,车辆的稳定性和安全性得到显著提升;清华大学在保证车辆稳定行驶的前提下,通过优化轮毂电机控制以实现节能的目标。除此之外,燕山大学、吉林大学、长安大学、武汉理工大学等在分布式驱动电动汽车的行驶安全、单电机控制和多电机协调控制等方面进行研究,取得了较好的成绩。

(二)轮毂电机的认知与分类

1. 轮毂电机的认知

轮毂电机是一种集电力电子、控制技术、计算机技术、电机制造技术于一体的智能电机,装配图如图 4-5 所示,它将电驱动与车轮集成在一起,实现轮胎直接驱动,避免了传统中心传动的巨大失效率;同时轮毂电机可根据行车状态实时调整发出转矩大小,从而减少了舒适性和稳定性等方面的矛盾。传统汽车驱动系统通常是将发动的动力通过传动系统传输到车轮上。而轮毂电机系统将电机直接安装在车轮上,实现了电动驱动方式,省去传动系统,简化整个车辆的结构。轮毂电机通过传感器感知车辆的运行状况、车速和转向角等信息,并将这些信息传输给控制电路。控制电路根据接收到的信息,控制电机的转速和转矩输出,从而实现对车辆的驱动或制动。

图 4-5 轮毂电机装配图

2. 轮毂电机的分类

1）根据电机转子形式分类

轮毂电机驱动系统根据电机的转子形式主要分为两种：外转子式（图4-6）和内转子式（图4-7）。外转子式采用低速外转子电机，电机的最高转速在 1000～1500r/min，无减速装置，车轮的转速与电机相同。而内转子式则采用高速内转子电机，配备固定传动比的减速器，为获得较高的功率密度，电机的转速可高达 10000r/min。

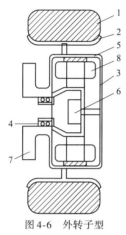

图 4-6 外转子型

1-轮胎；2-轮辐；3-车轮；4-轴承；5-PM；6-编码器；7-制动鼓；8-电动机绕组

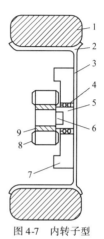

图 4-7 内转子型

1-轮胎；2-轮辐；3-车轮；4-轴承；5-行星齿轮；6-编码器；7-制动鼓；8-电动机绕组；9-PM

2）根据驱动方式分类

轮毂电机按驱动方式可分为减速驱动（图4-8）和直接驱动（图4-9）两大类。减速驱动型一般采用高速内转子电机，配备固定传动比的减速器，能获得较高的功率密度，电机转速最高可达 10000r/min。减速器一般采用行星齿轮减速机构，安装在电机和轮毂之间。电机输出的转矩通过行星齿轮减速器的减速增矩驱动轮毂转动。电机体积小、质量轻，通过减速器增矩后，输出转矩大且加速性能好。但难以实现润滑，齿轮磨损较快，使用寿命短，不易散热。

图 4-8 减速机构驱动

图 4-9 电机直接驱动

3）根据用途和驱动模式分类

轮毂电机按照用途和驱动模式可以分为四种类型。

（1）单电机侧推式：每个轮子上都装有一台电机，因而功率配比较自由。

（2）双电机同步式：将左右车轮的电机串联在一个转速传感器控制器上，从而提供更强的驱动力和制动力。

（3）单电机主动转向式：集成了行车方向和轮胎转矩的控制，并通过质数传感器控制车轮旋转方向。

（4）全轮四电机驱动式：在四个轮子内嵌入电机，且它们可以根据车体传感器调整每个轮子的扭矩状态和转速，以实现优异的弯道性能和加速度。

（三）轮毂电机的特点

1. 优点

（1）省略大量传动部件，让车辆结构更简单。对于传统车辆来说，离合器、变速器、传动轴、差速器乃至分动器都是必不可少的，而这些部件不但质量大、让车辆的结构更复杂，同时也存在需要定期维护和故障率的问题。但是轮毂电机就很好地解决了这个问题。除了结构更为简单外，采用轮毂电机驱动的车辆可以获得更好的空间利用率，同时传动效率也要高出不少。

（2）可实现多种复杂的驱动方式。由于轮毂电机具备单个车轮独立驱动的特性，因此无论是前驱、后驱还是四驱形式，它都可以比较轻松地实现，全时四驱在轮毂电机驱动的车辆上实现起来非常容易。同时轮毂电机可以通过左右车轮的不同转速甚至反转实现类似履带式车辆的差动转向，大大减小车辆的转弯半径，在特殊情况下几乎可以实现原地转向（不过此时对车辆转向机构和轮胎的磨损较大），对于特种车辆很有价值。

（3）便于采用多种新能源车技术。新能源汽车大多采用电驱动，因此轮毂电机驱动也就派上了大用场。无论是纯电动还是燃料电池电动汽车，抑或是增程电动汽车，都可以用轮毂电机作为主要驱动力；即便是混合动力电动汽车，其也可以采用轮毂电机作为起步或者急加速时的助力，可谓是一机多用。同时，新能源车的很多技术，如制动能量回收（即再生制动），也可以很轻松地在轮毂电机驱动车型上得以实现。

2. 缺点

（1）增大簧下质量和轮毂转动惯量，对车辆的操控有影响。对于普通民用车辆来说，常常用一些相对轻质的材料（如铝合金）来制作悬架的部件以减轻簧下质量，提升悬架的响应速度。可是轮毂电机恰好较大幅度地增大了簧下质量，同时也增加了轮毂的转动惯量，这对于车辆的操控性能是不利的。

（2）电制动性能有限，维持制动系统运行需要消耗较多电能。现在的传统动力商用车已有不少装备了利用涡流制动原理（即电阻制动）的辅助减速设备，比如很多载重汽车所用的电动缓速器。而由于能源的关系，电动车采用电制动也是首选，不过对于轮毂电机驱动的车辆，由于轮毂电机系统的电制动容量较小，不能满足整车制动性能的要求，都需要附加机械制动系统，但是对于普通电动乘用车，没有了传统内燃机带动的真空泵，就需要电动真空泵来提供制动助力，但也就意味了有着更大的能量消耗。制动系统消耗的能量也是影响电动车续航里程的重要因素之一。

此外，轮毂电机工作的环境恶劣，面临水、灰尘等多方面影响，在密封方面也有较高要求，同时在设计上也需要为轮毂电机单独考虑散热问题。其优缺点见表4-1。

项目四 新能源汽车电机驱动新技术认知

轮毂电机优缺点   表 4-1

序号	优点	缺点
1	高效率：直接驱动车轮，避免传动损失，提效节能	簧下质量增加：影响操控，悬架响应变慢，加速响应变慢
2	控制方便：直接控制车轮转速和转矩，减少转弯半径，提高制动回收率	散热难度大：制动时轮毂内会产生极大的热量，对内置的电机形成巨大的散热挑战
3	空间配置优：与轮毂集成，节省前舱布置空间和节能传动系统的空间	三防挑战大：电机内置在轮毂，工作环境恶劣，防振防水防尘的难度增大
4	模块化：集成度高，容易实现模块化，可避免重复开发，缩短开发周期和费用	制动能耗高：电涡流制动容量不高，需要配合机械制动系统共同工作，能耗大

近年来，国内外的整车及零部件企业进行了很多轮毂电机驱动纯电动乘用汽车和混合动力电动乘用汽车的尝试。

3.性能提升对策

轮毂电机在性能上面临的主要问题是簧下质量的提升对舒适性和操控性的影响，轮毂集成后的散热问题和制动能量回收问题，以及随之而来的防振、防水和防尘等。主要提升的技术手段及对策见表 4-2。

性能提升对策   表 4-2

序号	项目	对策
1	稳定性和舒适性	①优化减振系统，匹配新的质量分配，提高车辆的舒适性； ②建立垂向振动模型，将悬架系统的刚度和阻尼的参数匹配与悬架、车轮进行配合，可以降低簧下质量增加对舒适性和附着稳定性的影响
2	散热问题	①采用液冷，利用高导热系数环氧树脂对定子，机壳和液冷铝环进行浇注； ②电机与减速器集成一体，在转子上开槽，利用转子旋转带动电机内空气的循环流动； ③采用水冷散热，水路为轴向螺旋型，设计在机壳内，散热效果提升显著； ④为电机加装散热翅片，设计冷却风道或者水道，提升高负荷工况下的散热效果
3	制动回收	将车速、轮毂电机的制动力矩、动力蓄电池和电机转速作为输入，通过控制策略分析，对电动汽车前后轴制动力进行合理分配
4	环境适应性	①通过加强轮毂电机与整车性能匹配，消除振动对电机气隙的影响，减少电机的振动，提升车辆平顺性； ②对轮毂电机和壳体优化，提升电机的防护等级，避免水、尘对电机的影响

二、任务实施

(一) 实施要求

该实训主要是学生通过模仿汽车销售人员，对销售的电动汽车进行介绍，涉及轮毂电机、结构特点、优势缺点等。该实训所涉及的知识和技能是新能源汽车从业人员需熟悉的知识和技能。该实训不指定具体车型,以典型新能源汽车为主。具体实训任务由指导教师根据实际情况安排。

(二)实施准备

(1)实训设备:笔记本电脑。
(2)网上查找具备轮毂电机的新能源汽车。
(3)相关资料:典型新能源汽车轮毂电机的相关情况及资料等。
(4)讲解用的PPT。
(5)辅助设备:投影仪。

(三)实施步骤

(1)接受实训任务。
(2)完成实训准备工作。
(3)在网上查找新能源汽车轮毂电机资料。
(4)制作讲授用的PPT。
(5)结合实训车辆以及PPT讲解某款新能源汽车轮毂电机的基本情况、结构特点。
(6)实训小组讨论。
(7)实训质量检查。

三、任务工单

根据布置的任务要求,确定所需要的实训场地、设备及工具,以小组讨论的方式制订详细的工作计划(操作流程或工序),以小组活动的形式实施计划(对小组成员进行合理分工),完成任务并记录。

任务实训工作记录单

任务名称					
组长姓名		班级		同组同学	
教师姓名		地点		日期	
实训目标					
设备工具					
组员分工					
实训过程内容与流程记录					
实训步骤					

续上表

实训任务回顾与总结	
任务收获与结果	
建议和改进措施	

课后习题

一、填空题

1. 轮毂电机驱动系统根据电机的转子形式主要分成两种：_____和_____。
2. 轮毂电机是一种集电力电子、_____、_____、电机制造技术于一体的智能电机。
3. 轮毂电机驱动技术又称_____技术。
4. 它的最大特点就是将_____、_____和_____都整合到轮毂内。
5. 轮毂电机按驱动方式可分为_____和_____两大类。
6. 轮毂电机按照用途和驱动模式可以分为四种类型，即_____、_____、_____和_____。

二、判断题

1. 轮毂电机只有优点没有缺点。（　　）
2. 轮毂电机可根据行车状态实时调整发出转矩大小。（　　）
3. 相比其他形式电机，轮毂电机在舒适性和稳定性等方面存在更大的问题。（　　）
4. 由于轮毂电机工作的环境恶劣，面临水、灰尘等多方面影响，在密封方面也有较高要求。（　　）
5. 在设计上需要为轮毂电机单独考虑散热问题。（　　）
6. 全时四驱在轮毂电机驱动的车辆上实现起来很不容易。（　　）

三、简答题

1. 请简述轮毂电机的优点和缺点。
2. 请简述轮毂电机的类型。

任务2　新能源汽车电机驱动发展趋势

任务描述

作为从事新能源汽车行业的专业人员，你知道新能源汽车电机驱动的发展趋势吗？

一、知识准备

(一) 我国新能源汽车电机驱动发展现状

根据中国汽车工业协会的数据,2022年我国新能源汽车产销量分别完成705.8万辆和688.7万辆,较上年同期分别增长96.9%和93.4%,连续多年保持高速增长。数据表明,动力电动化已成为汽车行业必然趋势,新能源汽车市场形势仍将持续保持快速发展。驱动电机是新能源汽车核心关键部件,在我国"三纵三横"的研发布局和多年国家科技项目的支持下,我国新能源汽车驱动电机系统技术和产业伴随国家新能源汽车同步快速发展。我国自主研发电机如图4-10所示。

图4-10 我国自主研发电机

从我国新能源汽车主要配套供应商分布看,我国自主驱动电机始终占据绝对份额,仅有极少数几个乘用车车型采用外资企业提供的驱动电机系统,我国已经形成了从驱动电机、电机控制器、变速器、电驱动总成、主要关键材料和关键器件的完整产业链,并全部实现了国产化。以中汽协2022年统计数据为例,我国自主配套驱动电机、电机控制器和电驱动总成的比例达到96%以上。从产业规模看,我国新能源汽车公告中驱动电机和驱动电机控制器生产企业达到200余家,前20位生产企业的驱动电机和驱动电机控制器产品占总量的比例达到70%以上;特别是在新能源公交客车、纯电动载重汽车和纯电动物流车应用领域,几乎全部由本土供应商配套。

(二) 新能源汽车驱动电机控制器关键技术

对新能源汽车而言,电池技术、驱动电机技术、驱动电机控制器技术被称为新能源汽车关键三电技术。在当前电池技术未能取得突破的前提下,提高电机驱动系统的效率、功率密度、安全性与可靠性成为新能源汽车电机驱动系统的主要研究方向,也是我国政府和企业进行政策制定和未来发展规划的重点对象。

1. 功率半导体器件技术

驱动电机控制器的发展以功率半导体器件为主线(图4-11),正从硅基绝缘栅双极型晶体管(IGBT)、传统单面冷却封装技术,向宽禁带半导体(如SiC、GaN等)、定制化模块封装、双面冷却集成等方向发展。同时,得益于技术迭代,以及比宽禁带半导体器件更低的成本,硅基IGBT仍然是当前与未来较长时间内电机控制器产品的主要选择。

在硅基IGBT芯片技术上(图4-12),英飞凌科技公司针对新能源汽车市场高功率密度需求,已研发出EDT2芯片技术,实现了750V/270A IGBT芯片量产,富士集团等日本厂商也都相继研发出了高功率密度IGBT芯片技术,并已批量应用于汽车IGBT模块产品。此外,与硅基器件(如IGBT、MOSFET等)相比,SiC器件属于第三代半导体材料功率器件,具有高热导率、耐高温、禁带宽度大、击穿场强高、饱和电子漂移速率大等优势,结温耐受可以达到

225℃甚至更高,远高于当前硅基 IGBT 的 175℃最高应用结温。SiC 器件开关速度更快,可应用于更高的开关频率,更适用于高速电机的控制。同时,相比硅基 IGBT,SiC 器件的开关损耗和导通损耗均大幅降低,有助于降低整车百千米耗电量,提升整车续航里程。但是当前 SiC 器件成本仍远高于硅基 IGBT,这成为阻碍 SiC 器件推广的重要因素。

图 4-11　半导体器件

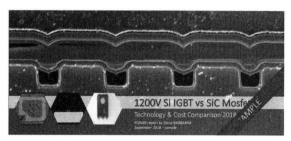

图 4-12　芯片

同时,铜线键合、芯片倒装、银烧结、瞬态液相焊接等新型封装技术可以提高 IGBT 功率模块的载流密度与寿命,因此也成为当前的研究热点。目前,电装、德尔福、英飞凌、株洲中车时代电气股份有限公司等已研制出基于双面冷却的 IGBT 模块与电机控制器产品,部分已随整车产品获得批量应用。基于硅基 IGBT 的电机控制器设计在未来相当长一段时间内仍将为市场的主流选择,硅基 IGBT 器件芯片与功率模块封装技术将在不断的优化迭代中获得提升。

2. 智能门极驱动技术

门极驱动技术是电机控制器中高压功率半导体器件和低压控制电路的纽带,是驱动功率半导体器件的关键。IGBT 门极驱动除具有基本的隔离、驱动和保护功能外,还需结合 IGBT 自身特性,精确地控制开通和关断过程,使 IGBT 在损耗和电磁干扰(EMI)之间取得最佳的折中。门极驱动半导体如图 4-13 所示。

智能门极驱动的两大主要特点分别为:主动门极控制和监控诊断功能。主动门极控制是根据工作运行环境和工况,对 IGBT 开关过程进行主动精细化最优控制的一种方法。主动门极控制技术是当前 IGBT 应用领域的研究热点,其基本思路是把 IGBT 开通过程和关断过程分别划分为几个不同的阶段,针对某一问题只需对相应的阶段进行独立的门极调控,对其他参数产生很小的(甚至不产生)负面影响。

图 4-13　门极驱动半导体

因此,智能门极驱动的应用,将有助于充分发挥功率半导体器件性能,如降低损耗、提升电压利用率等,并实现功率半导体器件的健康状态在线评估,满足电机控制器高安全性、高可靠性设计的目标。

3. 功率组件的集成设计

国际上典型的电机控制器产品为适应新能源汽车高功率密度、长寿命与高可靠性的要求,大多数的功率半导体模块封装均为定向设计,功率半导体器件与其他电子部件之间的界限日趋融合,基于器件的集成设计已成为新能源汽车电机控制器发展的新趋势(图4-14)。器件级集成设计技术主要分为物理集成与需求集成设计。物理集成设计是通过研究电机各个器件之间物理结构的集成设计方法,实现寄生参数、散热、机械强度等的平衡优化,实现机、电、热、磁等的最优设计,最终达到电机控制器高功率密度、高可靠性的设计目标。需求集成设计技术是指将整车和电驱动系统需求向前延伸至IGBT芯片设计、功率模块封装领域,根据整车设计与性能需求,建立以整车需求为导向,由系统向核心零部件自上而下的优化设计方法。其所带来的优势将是整车续航里程的增加或电池容量需求的降低。

4. 电磁兼容与可靠性设计

电磁兼容(简称EMC)也是实现新能源汽车电机控制器产业化的关键技术。EMC与可靠性设计是评价电力电子产品的关键指标。进行更有效的EMC设计是业内一直在追寻的目标。其中,基于有限元分析的方法建立"元件-部件-控制器"的EMC高频仿真模型,研究失效机理,并结合试验验证,最终实现电磁兼容的正向设计,将逐渐成为主流的技术路线。电磁兼容测试如图4-15所示。

图4-14 集成式功率模块

图4-15 电磁兼容测试

5. 汽车功能安全设计

汽车功能安全设计可以消除或显著降低由电子与电气系统的功能异常而引起的各类整车安全风险。当前驱动电机控制器功能安全需求多为ASIL C等级,但在未来,驱动电机控制器功能安全需求或将提升为ASIL D级,这需要复杂度更高、冗余性更强、可靠性指标更高的驱动电机控制器产品设计。

6. 驱动电机控制器产品的可靠性设计

驱动电机控制器作为新能源汽车的核心驱动单元,其可靠性指标直接影响着整车的驾乘体验与市场口碑。德国和美国汽车电子厂商联合提出了鲁棒性验证(RV)方法,该方法已经被英飞凌科技公司、博世集团广泛应用于半导体分立器件的可靠性设计分析,对于诸如驱动电机控制器等的复杂系统,其适用性与有效性还在进一步探索中。

(三)新能源汽车电机驱动技术未来的发展展望

1. 提高驱动效率

新能源汽车电机驱动技术将继续致力于提高驱动电机的效率,以提高整车的能效和续航里程。通过进一步改善驱动电机的磁路设计、减轻驱动电机的负载和惯量等方式,降低驱动电机的能量损耗,并优化电机驱动控制策略,使得驱动电机在各种工况下都能工作在最佳效率状态。

2. 高功率和高扭矩

新能源汽车市场的快速发展和突破,对驱动电机的功率和转矩提出了更高的要求。未来的发展趋势将会朝着开发高功率和高转矩的电机技术,以适应更高速度、更重载的驱动需求。这可能涉及更高级别的驱动电机,如永磁同步电机。

3. 轻量化和小型化

随着新能源汽车市场的普及,对电池能量密度的要求不断提高。驱动系统的优化将包括电机的轻量化和小型化,以减少整车的重量和尺寸,提高电池的能量利用率。这将涉及驱动电机的结构和组件的改进,采用更轻的材料和设计,并增加散热技术,以提高电机的功率密度。

4. 多电机驱动技术

多电机驱动技术将会得到更广泛的应用。通过多个驱动电机独立控制进行驱动力分配和动力调整,可以提高车辆的操控性、稳定性和安全性。同时,多电机驱动系统能够更好地适应不同路况和驾驶需求,提供更灵活的驾驶方式。

5. 智能驱动控制技术

随着人工智能和车联网技术的快速发展,智能驱动控制技术将在新能源汽车电机驱动中得到更广泛的应用。通过先进的算法和传感器技术,电机驱动系统可以实现对车辆行驶状态、路况和驾驶行为的感知和分析,优化电机驱动控制策略,提高行车安全性、舒适性和能效。

6. 异步电机与永磁同步电机的结合

未来,可能会出现异步电机与永磁同步电机的结合的驱动方式,以兼具高效率和高转矩密度的特点。通过适当的控制策略,异步电机可以做到类似永磁同步电机的磁场定向控制,从而进一步提高整车的电动性能和续航里程。

总之,未来新能源汽车电机驱动技术将朝着更高效、更高功率和小型化的方向发展。而智能驱动控制技术的应用将大大提高整车的性能和安全性。随着技术的不断创新和突破,新能源汽车的电机驱动技术有望实现更好的平衡,提供更优秀的驾驶体验和更高的能效。

二、任务实施

(一) 实施要求

该实训主要是学生通过模仿汽车销售人员,介绍新能源汽车驱动技术发展现状、关键技术、发展趋势。该实训所涉及的知识和技能是新能源汽车从业人员需熟悉的知识和技能。该实训不指定具体车型,以典型新能源汽车为主。具体实训任务由指导教师根据实际情况安排。

(二)实施准备

(1)实训设备:笔记本电脑。
(2)网上查找新能源汽车驱动技术发展现状、关键技术、发展趋势。
(3)相关资料:学辅教材。
(4)讲解用的PPT。
(5)辅助设备:投影仪。

(三)实施步骤

(1)接受实训任务。
(2)完成实训准备工作。
(3)在网上查找新能源汽车驱动技术发展现状、关键技术、发展趋势等资料。
(4)制作讲授用的PPT。
(5)结合PPT讲解新能源汽车驱动技术发展现状、关键技术、发展趋势。
(6)实训小组讨论。
(7)实训质量检查。

三、任务工单

根据布置的任务要求,确定所需要的实训场地、设备及工具,以小组讨论的方式制订详细的工作计划(操作流程或工序),以小组活动的形式实施计划(对小组成员进行合理分工),完成任务并记录。

任务实训工作记录单

任务名称					
组长姓名		班级		同组同学	
教师姓名		地点		日期	
实训目标					
设备工具					
组员分工					
实训过程内容与流程记录					
实训步骤					

项目四 新能源汽车电机驱动新技术认知

续上表

实训任务回顾与总结	
任务收获与结果	
建议和改进措施	

课后习题

一、判断题

1. 未来的发展趋势将会朝着开发低功率和低转矩的电机技术,以适应更高速度、更重载的驱动需求。（　　）
2. 未来新能源汽车电机驱动技术将朝着更高效、更高功率和小型化的方向发展。（　　）
3. 驱动系统的优化将包括驱动电机的轻量化和小型化,以减少整车的质量和尺寸,提高电池的能量利用率。（　　）
4. 通过改善电机的磁路设计、减轻电机的负载和惯量等方式,降低电机的能量损耗,并优化电机驱动控制策略,可以使电机在各种工况下都能工作在最佳效率状态。（　　）

二、选择题

1. 新能源汽车电机驱动最早使用的是（　　）。
   A. 直流电机　　B. 永磁同步电机　　C. 开关磁阻电机　　D. 交流电机
2. 未来新能源汽车电机驱动技术将继续致力于提高电机的（　　）,以提高整车的能效和续航里程。
   A. 转矩　　　　B. 扭力　　　　C. 效率　　　　D. 质量
3. 通过多个驱动电机独立控制进行驱动力分配和动力调整,可以提高车辆的操控性、稳定性和安全性的驱动技术是（　　）。
   A. 多电机驱动技术　　　　　　B. 智能驱动控制技术
   C. 轻量化和小型化技术　　　　D. 异步电机与永磁同步电机的结合
4. 未来新能源汽车智能驱动控制技术的应用将大大提高整车的性能和（　　）。
   A. 外观　　　　B. 扭力　　　　C. 功率　　　　D. 安全性
5. 具有效率高、转速范围宽、体积小、质量轻、功率密度大、成本低等优点的电机是（　　）。
   A. 直流电机　　B. 交流电机　　C. 开关磁阻电机　　D. 永磁同步电机

三、简答题

1. 新能源汽车电机驱动控制器有哪些主要关键技术?
2. 新能源汽车电机驱动技术未来会向哪些方向发展?

参 考 文 献

[1] 李仕生,张科. 新能源汽车驱动电机及控制系统检修[M]. 北京:机械工业出版社,2022.
[2] 王毅,巩航军. 新能源汽车电机驱动系统检修[M]. 北京:机械工业出版社,2019.
[3] 乌曼 S D. 电机学[M]. 北京:电子工业出版社,2021.
[4] 高大威. 汽车驱动电机原理与控制[M]. 北京:清华大学出版社,2022.
[5] 王成元,夏加宽,孙宜标. 现代电机控制技术[M]. 北京:机械工业出版社,2014.
[6] 袁新枚,范涛,王宏宇. 车用电机原理及应用[M]. 北京:机械工业出版社,2014.
[7] 汤蕴璆. 电机学[M]. 5版. 北京:机械工业出版社,2014.